中日日中
初中級文法・語彙の対照研究（一）

張　麟声 編

J-CLCP

まえがき

　わたしが大阪府立大学を定年退職して、職場を中国福建省漳州市にある厦門大学嘉庚学院に移すという慌ただしさに加え、コロナという社会情勢も加わり、第4号の刊行が一年間遅れてしまった。読者に心よりお詫びしたい。

　中国に戻って改めて思うのが、初中級の中国人の学生さんによる日本語の産出には、母語の痕跡が至る所に見られることである。新しい言語の習得には、母語の干渉が見られることはよく知られていることであるが、そうであれば、難しい上級レベルの文型の日本語訳を考えるよりも、まずは初中級のことを何とかすべきなのではないか。そして、日本語を学ぶ中国人の学生さんがこんなに母語干渉を受けているのであれば、同じように、中国語を学ぶ日本人の学生さんにも母語干渉が起こっているのではないか。そう思い、日本国内の初中級中国語コースの学生さんの書いたものを少し手に入れてみた。すると、全く予想通りで、同じような母語の干渉が多数見られた。予想が当たった嬉しさ半分、語学教育の難しさを改めて思い、少し寂しくもなった。

　世の中の誰もが語学の勉強に向いているわけではない。しかし、そのような才能にあまり恵まれていなくても、成行き的に互いの言語を勉強することになったケースは少なくない。ならば、まずは人数的にはずっと多いこの手の学生さんの手伝いをするのが急がれることなのではないか。そこで、『中文日訳の基礎的研究』としていた本誌の誌名を第4号にあたる今号から『中日日中 初中級文法・語彙の対照研究』に変えることにした。誌名を変えることで、言語を学習している学生さんをはじめ、言語学を学ぶ学生さんや研究者、そして、大学や語学学校などの教育現場で実際に日々言語教育に携わる方達の目にもとまりやすくなるのではないかと期待している。そして、言語を学ぶ時の気づきの一助になれるのではないかとも思っている。

　新誌名となった本誌の本格的な努力は次号からである。少しずつ現場の日本語教師、中国語教師が自由に投稿できるシステムを作り、第一線の方々の日常を支える学術誌に持っていきたいと思う。

張　麟声

2023年11月1日

目　　次

1　中国語日本語の初中級述語構文の対照研究

中国語・日本語名詞述語文の対照研究

張　麟声

一　はじめに

　言語間の対照研究は、まずは片方の言語を母語とする学習者がもう片方の言語を学ぶ習得研究のための基礎的作業である。と同時に、学習者の日々の習得の一部にも、社会人の仕事の一種にもなっている翻訳活動に関する対訳研究のための基礎的作業でもある。学界で徐々に分かってきたことだが、学習者が話したり書いたりするときに産出する対象言語のありかたは、必ずしも学習者が母語を目標言語に翻訳した際に産出したそれと同じではない。だとすれば、その両者間の相違を過不足なく記述し、理由を明らかにすることを、第二言語習得研究の一研究分野として立てるべきであろう。本稿では、このような目標も視野に入れて、中国語と日本語の名詞述語文を対照研究の対象とし、その対応したり対応しなかったりする事例をとらえて、緻密なルールのまとめに務める。

　よく知られているように、文の述語を務める実質語は、名詞、形容詞、動詞の三つである。だが、その三品詞の中で、形容詞と名詞が述語を務めるときに、どちらもコピュラが必要だということにより、結局同じ構文になってしまう英語のような言語が、インド・ヨーロッパ語族の一部の語派によく見られる。一方、ユーラシア全体の立場から見ると、そのような言語はあくまで少数派であり、中国語や日本語のように、名詞述語文と形容詞述語文が別々の構文を作っている言語が多数を占めている。そして、中国語や日本語のような言語において、名詞述語文は形容詞述語文よりある程度シンプルだから、本研究では、ひとまず名詞述語文を研究対象とするゆえんである。このことは、次のステップとして形容詞述語文の対照研究を行うことを当然ながら、意味している。

　ユーラシアの一部の言語の名詞述語文に目を移すと、次のインドネシア語の例文のように、コピュラを持たずに、主部になる名詞と述部になる名詞だけが並べられている構造が見られる。

（1）Ini　jam　tangan.　　　　　これは腕時計です。
　　　これ　時計　手
（2）Itu　jam　dinding.　　　　　あれは柱時計です。
　　　あれ　時計　カベ

（ホラス由美子 2004:15）

（3）Saya　orang　Jepang.　　　私は日本人です。
　　　　私　　人　　日本
（4）Kami　orang　Indonesia.　　私はインドネシア人です。
　　　私たち　人　　インドネシア

（ホラス由美子 2004:20）

　だが、インドネシア語のようなオーストロネシア語族の言語と違い、中国語や日本語はコピュラを持つ言語である。ただし、語順が違うために、SVO の中国語の名詞述語文は、コピュラを主部と述部が挟んで、「～是～」という形を取るのに対して、SOV 語順の日本語では、文末にコピュラが位置し、それと呼応して、主部と述部の間に主題マーカーの「は」が用いられており、「～は～だ」という構造になっている。そのため、本研究で取り扱う中日両語の名詞述語文は、おおざっぱに言うと、中国語の「～是～」と日本語の「～は～だ」になると考えられる。だが、実は、中国語には、「～是～」と並んで、上述のインドネシア語のように、単純に名詞を 2 つ並べる単純な名詞述語文も存在しているので、事情はそれほど簡単ではない。

　中国語のそのような名詞述語文は、「～是～」における「是」が取れてできたものではない。その証拠に、コピュラの「是」を使うと、文法性が落ちてしまうからである。そのために、ほとんどすべての中国語の文法書では、「～是～」を「是字句」と呼び、2 つの名詞が並立して作られる構文を「体言 (名詞性) 谓语句」と呼んで、別々に記述がなされている。本研究でもこの立場を踏襲して、中国語のそういう 2 つの構文と日本語の「～は～だ」構文との対照研究を行う。以下、第 2 節と第 3 節では、それぞれ、中国語のコピュラの「是」が用いられる名詞述語文と日本語の名詞述語文、及び、「是」が用いられない名詞述語文と日本語の名詞述語文の対照研究を行う。続いて、第 4 節では、テンスという角度から、両言語の名詞述語文について検討し、第 5 節をまとめとする。

二　中国語の「是字句」と日本語の名詞述語文の対照研究

2.1 述部に来る語彙の社会言語学的性格によって生じる不一致について

　中国語の「是字句」と日本語の名詞述語文についての対照研究は、張麟声（2016）において、すでに『みんなの日本語 初級』の第 1 課における例文を引いて、一度試みている。その時に使った 3 つの例文は以下の通りで、それぞれ肯定文、否定文、疑問文である。

　（5）わたしはマイク・ミラーです。
　（6）サントスさんは学生じゃありません。
　（7）ミラーさんは会社員ですか。

三つの例文を中国語に訳すと、次の通りになる。

　（8）我是麦克・米勒。
　（9）薩德司不是学生。
　(10) [?]米勒是公司職員吗？

　いずれも「是字句」が用いられているが、例（4）、例（5）とは違い、例（6）は相当文法性が落ちる。中国語では、通常「是公司職員（会社員だ）」と言わずに、「在公司里工作（会社に勤めている）」というからである。なぜ両言語の間にこのような違いが起きたかというと、日本語の「会社員」は、公務員、医者、教師などと並んで、熟した職業名称となっているが、「会社員」に相当する中国語の「公司職員」や「企業員工」は、指示対象である中国の民営企業の歴史が大変浅いために、まだ完全に日常的に使われる職業名称になりきっていないからである。
　このことは、日本語の「〜だ」と、職業を表す日本語のもう 1 つの言い方である「〜は職業名詞をしている」との関係を例に説明すれば、分かりやすい。現代日本語書き言葉均衡コーパス（少納言）で調べてまとめた、「公務員」、「医者」、「教師」、「会社員」における「だ／で（す／ある）」形式と「し（ている）」形式の出現数、及びそれぞれのパーセンテージは、次の表 1 のとおりである。

表1

	「だ／で（す／ある）」	「し（ている）」	総用例数
公務員	189（99.5%）	1（0.5%）	190（100%）
医者	329（97.6%）	8（2.4%）	337（100%）
教師	317（75.8%）	101（24.2%）	418（100%）
会社員	71（97.3%）	2（2.7%）	73（100%）

　「医者」や「教師」と違い、「公務員」も「会社員」も「し（ている）」形式の用例は一例しかなく、しかも、いずれも Yahoo! 知恵袋からのものである。このデータから分かるように、職業について紹介する場合、「医者」と「教師」に関しては、「医者だ」、「教師だ」と表現しても、「医者をしている」、「教師をしている」と表現してもよいが、「公務員」と「会社員」に関しては、「公務員だ」、「会社員だ」は自然だが、「公務員をしている」や「会社員をしている」といった表現は、あまり使われないのである。

　そうであれば、「～をしている」に相当する中国語の表現について検討すれば十分で、何もわざわざ「在公司里工作（会社に勤めている）」という表現を引っ張り出してこなくてもと疑問に思う方がいそうだが、実は「～をしている」に相当する中国語の2つの表現である「当～（～をしている）」と「做～（～をしている）」のどちらも、職業の説明にあまり使えないからである。「当～（～をしている）」と「做～（～をしている）」を含む中国語の4種類の表現を、北京大学现代汉语语料库（北京大学現代中国語コーパス）で調べてまとめたのが、以下の表2である。

表2

	是～ （～だ）	当～ （～をしている）	做～ （～をしている）	在～工作 （～に勤める）	総用例数 ％
公務員	105（59.7%）	16（9.0%）	39（22.2%）	16（9.0%）	176（99.9%）
医生	547（57.8%）	290（30.6%）	72（7.6%）	38（4.0%）	947（100%）
教师	462（52.0%）	339（38.1%）	58（6.5%）	30（3.4%）	889（100%）
公司职员	13（22.0%）	1（1.7%）	2（3.4%）	43（72.9%）	59（100%）
企业员工	20（26.7%）	0（0%）	1（1.3%）	54（72.0%）	75（100%）

6

　「～をしている」に当たる中国語の言い方は、「当～」と「做～」の2つがあるが、「会社員」に相当する中国語の「公司職員」また「企業員工」におけるその使用率は、表2のとおり、「是～」よりもずっと低く、4パーセント以下しかない。一方、「在公司工作（会社に勤めている）」と「在企業工作（会社に勤めている）」の使用率はいずれも70パーセント台で、大変高いのである。つまるところ、「会社員」という職業を中国語で紹介するときは、「在～工作（～に勤めている）」という構文が主に使われるのである。

　ちなみに、上で中国における民営企業の歴史が大変浅いために、「会社員」に相当する「公司職員」また「企業員工」といった名詞が、まだ熟していないと言ったが、実は日本語の「会社員」も、「医者」や「教師」に比べれば、相当新しいと言わなければならない。その証拠の1つとして、例えば、国立国語研究所（1965）には、「公務員」、「医者」、「教師」、また、「会社」、「社長」、「社員」は入っているが、「会社員」は収録されていない。おそらく、その頃、「会社員」はまだそれほど使われていなかったのであろう。また、このことは、「会社員だ」の17件のうち、いちばん古い書物の出版年は1986年で、「会社員で（す／ある）」の54件のうち、いちばん古い書物の出版年は1988年だということによっても裏付けられているのである。もっとも、新しいとはいえ、「会社員」はすでに十分に「～は～だ」文型に馴染んでいるために、まだ馴染んでいない中国語の「公司職員」または「企業員工」との間に、上述のような大きな違いを見せるに至っている。したがって、対応関係についての結論は、表3のようにまとめるべきであろう。

表3

	中国語	構文上の対応関係	日本語
㊀	公務員、医生、教師	「～是～」＝「～は～だ」	公務員、医者、教師
㊁	公司職員／企業員工	「在（公司／企業）工作」 ＝「～は～だ」	会社員

　このように、中国語の「～是～」と日本語の「～は～だ」は、文型のレベルとしては完全に対応しているが、語彙の社会言語学的理由により、実際対応しないケースが存在することになってしまう。したがって、完全な習得研究を目指したり、あるいは正確な対訳を目指したりするには、両言語の職業名詞が、

それぞれどこまで両言語の名詞述語文に馴染んでいるかを調べておくことが必要であろう。

2.2 述部に来る語彙の語用論的性格によって生じる不一致について

2.1 では、不一致は、語彙の社会言語学的性格の新旧に起因すると述べたが、この節では、語彙の主観的か客観的かといった語用論的側面によって、もたらされた対応しないケースについて検討する。

結論を先に言うと、以下のように、日本語の「〜は〜だ」という一文型に対して、中国語では、「〜是〜」、「〜是个〜」、「〜是一个〜」という三文型が対応している。例えば、「父は医者だ」という日本語を中国語に訳すと、以下のように 3 通りの訳が考えられる。

(11) 我父亲是医生。
(12) 我父亲是一个医生。
(13) 我父亲是个医生。

つとに呂叔湘（1944）が指摘しているように、現代中国語では、英語の不定冠詞のようなものが少しずつ生まれ、その完全な形は「1+助数詞」で、「1+助数詞」の中の「1」が省略されると、「助数詞」だけがその役目を果たす[1]。つまり、上述の例（12）の「医生」の前の「一个」と例（13）の「医生」の前の「个」は、不定冠詞という性格のものである。

英語の定冠詞と不定冠詞の違いは、語彙の定と不定という語用論的性格によって使い分けられているが、中国語の裸の名詞と不定冠詞らしきものがついた形式の使い分けは、そうではなく、より主観的かそうでないかという原理によって使い分けられていると言われている。このテーマに関する代表的な研究は、张伯江、李珍明（2002）であり、以下、その要点を紹介する。

张伯江、李珍明（2002）では、まず以下のように、Hopper and Thompson（1984）の研究成果の一部を引用し、「事件句（語りのコンテキスト）」においては、その結論が有効だと評価する。

表示归属的 "是" 动词后的名词经常会失去某些乃至全部词类特点，同时也

---

1) この現象に関して、一番早く行った日中対照研究は、張麟声（1983）である。

就不指示任何现实的实体，语义上也不成为话语中的参与者。这就意味着它们不具备引入一个参与者并起到延展下文的作用。汉语里的表现是，作为问句"他是什么？"的答句，名词是不带数量修饰语的：

他是干部。

相反，如果说成：

他是一个干部。

则必然预示着下文中会就这个名词展开讨论。　　　　　张伯江、李珍明（2002:61）

　（類別化を表す「是」の後に来る名詞は、往々にして、名詞の一部、またはすべての語彙的特徴を失うと同時に、言外の実体を指示しなくなり、物語の参与者にもならなくなる。つまり、そのような名詞はもうテキストにおいて新しい参与者を導入して、語りを続けていく役割を果たさなくなるのである。実際、中国語における質問文「彼はどのような人だ」の答えとしては、次のように、「是」の後に来る名詞に修飾語はつかない：

　「他是干部。」

　一方、もし、

　「他是一个干部。」

のように言ったら、「一个」の後の名詞の指示対象をめぐって、話が続いていくことを意味する。）

　それから、Hopper and Thompson（1984）を意欲的に乗り越えるべく、张伯江、李珍明（2002）では、名詞の意味、シンタックス及びテキストという三つのレベルにおいて、緻密な考察を行い、次のように述べている。

　在词汇平面，我们发现一些带有主观评价色彩的词语有要求"（一）个"的倾向；在句法平面，我们发现了"是（一）个 NP"不能实现关系化的语法过程，同时"是 NP"不能用于多加描写性定语的场合；在篇章平面，我们发现"是（一）个 NP"多用于含有心理／认知动词 和假设义动词的句子里。（张伯江、李珍明 2002:68）

　（語彙の意味というレベルにおいては、主観的評価という要素が濃い名詞は基本的に「（一）个」と共起する。シンタックスというレベルにおいて、「是（一）个 NP」は主題に持ってくることはなく、また、「是 NP」は、その NP に描写的修飾語がついている場合には使えない。最後に、テキストというレベルにおいては、「是（一）个 NP」は、心理、認知動詞の目的語、または仮定構文として

よく用いられる。)

　張伯江、李珍明（2002:68）が指摘した3点について、少し説明を加えよう。
　語彙の意味というレベルでは、「教師」のように、客観的に職業を表す名詞は客観的だとされ、一方、「なまけもの」のように、主観的評価を加えている名詞は、主観的だとされる。そして、後者の主観的評価を加えている名詞は、基本的に「（一）个」としか共起しないという。
　シンタックスというレベルにおいては、「他是学生（彼は学生だ）」の述語は、「是学生的举手（学生であるものは手を挙げなさい）」のように、主題に持ってくることはできるが、「他是一个学生」の場合は、「* 是一个学生的举手（一人の学生であるものは手を挙げなさい）」という言い方が非文であることで示しているように、主題に持ってくることはできない。また、NPに描写的修飾語がついている場合には、「是NP」は使えず、「是（一）个NP」しか使えない。描写的な修飾語を加えた名詞句は、上述の「なまけもの」のように、主観的なものになっているから、「是（一）个」と合うのである。
　最後のテキストというレベルにおいては、「人们相信他是个学生（人々は彼が学生であることを信じる）」における「相信（信じる）」は心理、認知動詞である。また、仮定構文とは、例えば、「我要是个学生 (わたしが学生ならば)」のようなものである。「心理／認知動詞（心理、認知動詞）」や仮定節は、すべて主観的なものだとされ、こういった構文に、「（一）个」がなじむのである。
　以上の説明を読んでいただくと、張伯江、李珍明（2002）の主張が完全に理解されると思われるが、言語事実に話を戻すと、この場合、ややこしいのは完全に中国語のほうであるから、中国語を母語とする学習者が日本語の「〜は〜だ」構文を学んだりするときに、困ることはなかろう。一方、日本語を母語とする学習者が中国語の「〜是〜」、「〜是（一）个〜」二文型の使い分けを学んだり、日本語ネイティブが母語を中国語に訳したりするときには、苦労するであろう。このような視点に立ち、上述の張伯江、李珍明（2002）の3点を中心に、両言語間の対応関係を表4にまとめておく。

表 4

中国語	条件	日本語
「是〜」	①「教師」のような客観的名詞の場合 ②描写的な修飾語がついていない場合 ③名詞述語節が心理、認知動詞の目的語になったり、仮定節として使われたりしていない場合	「〜は〜だ」
「是(一)个〜」	①「怠け者」のような主観的名詞の場合 ②描写的な修飾語がついている場合 ③名詞述語節が心理、認知動詞の目的語になったり、仮定節として使われたりしている場合	

2.3 述部に来る語彙の品詞上の相違によって生じる不一致について

前 2 節に続き、本節では、述部に来る語彙の品詞の違いによってずれるケースを取り扱う。まず、以下の例を見ていただきたい。

(14) コクピットウインドウは大面積なので、ミニクラフトお得意の一体パーツも<u>大型だ</u>。

（因为驾驶舱窗口面积很大，所以"迷你工艺"所擅长的一体化构件也<u>是大型的</u>。）

日本語では、ごく普通に「〜は〜だ」文が用いられており、中国語訳でも、一応「〜是〜」文が用いられているが、文末に日本語の「の」に相当する「的」がついているのが目につく。日本語の「大型」は名詞だから、「〜は〜だ」という文型の述部にそのまま入ればよいが、中国語の「大型」は形容詞に近い「区別詞」という品詞だから、形容詞のように「〜是〜」の述部に入るときには、後ろに「の」に相当する「的」をつける必要がある。

「区別詞」の文法的特徴について、張斌（2010:169-173）では、（一）非体言性（非体言的）、（二）非謂詞性（そのまま述語にならない）、（三）定位性（句における位置が決まっている）の 3 点にまとめられている。（一）非体言性（非体言的）とは、通常、そのまま主語や目的語にならないこと、また、名詞述語文である「〜是〜」の述部に入るときに、「区別詞＋的」という形を取らなければならないこと。（二）非謂詞性（そのまま述語にならない）とは、対比的なケース以外に、その

まま述語にならないこと；程度副詞の修飾を受けられないこと；「不（中国語では否定副詞）」の修飾を受けられないこと。最後の（三）定位性（句における位置が決まっている）については、自由形態素ではなく、拘束形態素であること；もっぱら連体修飾語を務めること；連体修飾語を務める際に、その後ろに名詞か「的」が来ることである。このように、中国語の「区別詞」の文法的特徴は、実は日本語の連体詞にかなり似ている。だが、中国語の「区別詞」は、連体詞より数量的にずっと多いだけではなく、指示対象が多岐にわたるうえ、語構成も、単純語から合成語の派生語や複合語までいろいろあり、たいへん複雑な品詞になっている。そのために、全容を説明するのは難しい。そこで、以下、张斌(2010)の 174 ページに挙げられている単純語の中の一部だけに日本語訳を付けて、その性格の一斑を示すことにする。

男（男）、女（女）、公（オス）、母（メス）、雌（メス）、雄（オス）、正（正）、副（副）、金（金）、銀（銀）、単（片方）、双（ペア）、青（青）、紫（ムラサキ）、粉（ピンク）。

日本語訳に当てられている日本語の単語は、すべて名詞である。よって、名詞述語文の述部に入るときは、「男だ」、「ピンクだ」のように、ごく普通のやり方で済む。一方、中国語の場合の「男」や「粉」は、「区別詞」であって、名詞ではない。したがって、「〜是〜」の述部に入るときは、「〜是男的（直訳：男のだ）」、「〜是粉的（直訳：ピンクのだ）」のように、「的」をつける必要がある。
　以上が、日本語の名詞が中国語の「区別詞」に対応する際の話である。以下で、日本語の名詞が中国語の「名詞句」に相当するケースについて説明する。まず例を 1 つ挙げる。

　　(15) 大きくせり出した屋根に守られるようにテラスが設けられているが、
　　　　 これもすべて木製だ。
　　　　（房子建有为向外翘伸的屋檐保护着的阳台，但也都是木头做的。）

日本語の「木製」という単語に対して、中国語にも「木制品」という名詞はある。しかし、その指示対象は「いす」や「机」といった家具類にとどまり、部屋の外部にある「テラス」のような存在が「製品」だという発想は中国語にないので、

「木头做的(木で作られたものだ)」と表現されなければならない。日本語の接尾語の「-製」は、「木」だけではなく、「鉄製」、「プラスチック製」のようにいろいろと活用される。それが「鉄製だ」、「プラスチック製だ」のように、使われるときは、中国語では、「是铁做的(鉄で作られたものだ)」、「是塑料做的(プラスチックで作られたものだ)」が使われるのである。

　これまで述べたことをまとめると、次の表 5 になる。

表 5

	中国語	構文上の対応関係	日本語
㊀	男的、粉的	「～是～的」＝「～は～だ」	男、ピンク
㊁	木头做的、鉄做的	「～是～做的」＝「～は～だ」	木製、鉄製

　構文上の対応関係はこのように比較的簡単に示せるが、このルールを本格的に応用するには、前もって準備しておくことが 2 点ある。 1 つ目は、日本語の名詞に対する中国語のどの意味の単語が名詞ではなく「区別詞」なのかを、リストアップすること、もう 1 点は、「～製」はどこまで中国語の「～製品」に当たるかを調べ、当たらないケースをリストアップすることである。

三　中国語の「体言（名词性）谓语句」と
日本語の名詞述語文の対照・対訳研究

　コピュラの「是」を使わない名詞述語文を、陈满华（2008）では「体词谓语句」と言い、张斌（2010）では「名词性谓语句」と言っており、本稿ではその両方の要素を取り入れて「体言（名词性）谓语句」と呼ぶことにする。
　すでに上で一部説明したように、中国語では、形の上では、「是」を使う「是字句（直訳：「是」という字を使う文）」と、使わない「体言（名词性）谓语句」とに分かれている。だが、意味伝達という立場からすると、「是」を使わない「体言（名词性）谓语句」の一部は、「是」を補って「是字句」の形にしてもかまわない。したがって、本稿では、「体言（名词性）谓语句」の存在を、「是」を補うと文法性が大きく落ちるケースに限って認め、そうでない場合は、「是」を省略した「是字句」だとする。そして、この趣旨のことは、すでに张麟声（2017）におい

て、次のように述べている。

　総的傾向是：“体词谓语句”主要用于谓语为表数量的词语时。在谓语为普通名词的日常会话里也可以使用，但基本上可以看作是“是字句”的简约体。而“是字句”则主要用于谓语为名词的场合。　　　　　　　　　　（张麟声 2017:921）
　（総じていえば、「体言 (名詞性) 谓语句」は主に数量語が述部に来るときに用いられる。述部に普通名詞が来るときにも使われるが、「是字句」の砕けた言い方だと考えてよい。一方、「是字句」は主に述部に名詞が来るときに用いられる。）

　このように述べたうえで、述部に数量語が来るケースを、张麟声（2017:921）では、さらに「静止型」と「変化型」に二分し、前者に関しては、「一般只使用“体词谓语句”。偶见“是字句”的用例，但只出现于非公文式的较轻松的文体。(通常「体言 (名詞性) 谓语句」が用いられる。たまに「是字句」を見るが、公文書以外の少し砕けた文体に限られる)」とし、後者に関しては、「只使用体词谓语句（「体言 (名詞性) 谓语句」しか用いられない）」としている。
　そこで、以下では、张麟声（2017）における「静止型」と「変化型」の用例をそれぞれ 2 つずつ使って、日本語の名詞述語文と対照を行う。ちなみに、「変化型」の場合は、述部に数量語が来るケース以外に、大変少数ではあるものの、移り変わりを意味する名詞が述部に来ることもまれにあるので、そのような名詞の例も 1 つ使う。
　まず「静止型」について、张麟声（2017）が引用している陈满华（2008）の例文を以下改めて引用する。

　（16）第六十条 全国人民代表大会每届任期五年。（张 2017：919 / 陈 2008：232）
　　　（第六十条　全国人民代表大会の一期の任期は五年だ。）
　（17）长江，全长 5800 公里。　　　　　（张 2017：919 / 陈 2008：236）
　　　（長江の全長は 5800 キロだ。）

　例（16）の「任期五年」は規定が改訂されれば変わるが、そのような外力が加えられない限り、変わることはない。また、例（17）の長江の全長も似ていて、外力が加えられない限り、変化するものではない。
　続いて、「変化型」についても张麟声（2017）から 2 例引用する。1 つ目の例

14

はもと陳満華（2008）の例文で、述部に数量語が来ることになっている。それに対し、2つ目の例は、述部に移り変わりを表す名詞が来ている。

(18) 牛大水二十三岁了，还没娶媳妇。　　　（张 2017：920/ 陈 2008：232）
　　　(牛大水はもう二十三だが、まだ嫁をもらっていない。)
(19) 秋天了，女儿还穿着单衣。　　　　　　　　　　（张 2017：920）
　　　(もう秋だ。でも、娘はまだ夏の服を着ている。)

　人の年齢は、一年一年規則正しく増えていくものであり、四季も春夏秋冬というように規則正しく循環するものである。年齢のように一直線的に増えていくものもあれば、四季のように循環するものもあるが、そのいずれにしても、たえず変化しているにちがいない。そのために、中国語では名詞の後に「了」がついているわけである。
　「変化型」の例（18）も例（19）も、上では、日本語の「〜だ」に訳しているが、実はすでに張麟声（2016）の時点から、日本語の「〜になる」という表現の存在が気になっている。試しに、「もう秋〜」を現代日本語書き言葉均衡コーパス（少納言）で調べると、「もう秋だ」が 13 例であるのに対して、以下のように、「もう秋になる」の例も 2 つ見つかっている。

(20) アツトゆうまに月日がすぎてゆく気がついたらもう夏も終りである舞の人たちの服装がもう秋になつている機能までが水害かと思えばもうきょうの記事でわみず不足になつているモン。
(21) もう秋になります、色々な服が売られているけど、みんなは買えません。

　だが、例（20）の「舞の人」は「前の人」の間違いかどうか分からないが、「機能まで」の「機能」は、間違いなく「昨日」の変換間違いである。そして、例（21）に関しては、誰もが、句読点のつけ方の乱れに立ち止まるであろうが、二例とも Yahoo! ブログからのものなので、拘っても仕方がない。
　そこで、大事な「〜になる」の用法の部分に限定して検討するが、例（20）では「服装がもう秋になつている」と言っていることから、季節の移り変わりの表現ではないと見てよい。また、例（21）における「もう秋になります」は、これからのことを言っているのか、それとも、現在「もう秋になった」と言っている

のかさえ分からないので、有効な例文だとはいえないであろう。だとすると、この場合の日本語のまともな表現は、やはり「〜はもう〜だ」と決めて差支えがない。ここまで述べたことをまとめると、以下の表6になる。

表6

	中国語	構文上の対応関係	日本語
㊀	静止型体言 (名词性) 谓语句	「Ｎ１Ｎ２」=「〜は〜だ」	名詞述語文
㊁	変化型体言 (名词性) 谓语句	「Ｎ１Ｎ２了」=「〜はもう〜だ」	名詞述語文

なお、変化型「体言 (名词性) 谓语句」において、文末に「了」がついているが、その日本語訳は副詞の「もう」になっている。確か中国語では「了」が生まれるまでは、「もう」や「すでに」の意味を表す「已」が、変化を表す語の前に使われていた。このようなことは言語類型論的に調べれば面白かろうが、本研究の趣旨からは外れているので、これ以上深入りはしない。

四　名詞述語文とテンス

よく知られているように、中国語はテンスを持たない言語で、日本語はテンスを持つ言語である。言い換えれば、中国語の「〜是〜」はどんな時でも「〜是〜」だが、日本語の「〜は〜だ」は、発話時と出来事時の相互関係によって、「〜は〜だ」だったり、「〜は〜だった」だったりする。この種のことは常識であり、理解されにくくはないが、中国語を母語とする学習者にとって、正確に「〜は〜だ」と「〜は〜だった」を使い分けることは、中間言語を見る限り、けっして簡単なことではない。したがって、この第四節において、少し違う角度から検討してみる。

まず、以下の諸例のように、中国語のセンテンスを、「百度」の自動翻訳ソフトにかけて翻訳すると、「是」の前の副詞の意味によって、テンスの部分が完全に正しく訳しわけられている。もっとも、例（27）だけが「です」になっており、文体的な不一致をもたらしているが、本研究の目的から外れる事象であり、不問にする。

（22）他以前是个医生。→彼は医者だった。

16

(23) 他<u>原本</u>是个医生。→彼はもともと医者だった。

(24) 他<u>十年前</u>是个医生。→彼は 10 年前は医者だった。

(25) 他<u>上个月</u>还是个医生。→彼は先月も医者だった。

(26) 他<u>昨天</u>还是个医生。→彼は昨日も医者だった。

(27) 他<u>现在</u>是医生。→彼は今医者です。

(28) 他<u>永远</u>是医生。→彼は永遠に医者だ。

　日本語では過去のことを表現するときは過去形を使うという内容のことを、どこの現場でも教えているが、機械翻訳のときのように「是」の前の副詞を手掛かりにして、現在形か過去形を選ぶことを教えているところは、まだ少ないのではないか。もしかしたら、最初からこのような手掛かりを導入したほうがいいかもしれない。応用言語学は実験的な学問だから、いろいろと実験しているうちに、効果的な教え方が決まってくるであろう。

五　まとめ

　本稿では、中国語の名詞述語文の二構文、すなわち「〜是〜」型及び「体言 (名詞性) 谓语句」と言われる「Ｎ１Ｎ２（了）」と日本語の名詞述語文である「〜は〜だ」との対照研究を行った。その結論を総まとめすると。次の表 7 になる。

表 7

	中国語	構文上の対応関係	日本語
2.1 中国語の述部に来る語彙の社会言語学的性格によって生じる不一致について			
	公務員、医生、教師	「～是～」=「～は～だ」	公務員、医者、教師
	公司职员 / 企业员工	「在(公司 / 企业)工作」=「～は～だ」	会社員
2.2 中国語の述部に来る語彙の語用論的性格によって生じる不一致について			
	①「教師」のような客観的名詞の場合 ②描写的な修飾語がついていない場合 ③名詞述語節が心理、認知動詞の目的語になったり、仮定節として使われたりしていない場合	「是～」=「～は～だ」	
	①「怠け者」のような主観的名詞の場合 ②描写的な修飾語がついている場合 ③名詞述語節が心理、認知動詞の目的語になったり、仮定節として使われたりしている場合	「是（一）个～」=「～は～だ」	
2.3 両言語の述部に来る語彙の品詞上の相違によって生じる不一致について			
	男的、粉的	「～是～的」=「～は～だ」	男、ピンク
	木头做的、铁做的	「～是～做的」=「～は～だ」	木製、鉄製
3 中国語が「体言 (名词性) 谓语句」の場合			
	静止型体言 (名词性) 谓语句	「N 1 N 2」=「～は～だ」	名詞述語文
	変化型体言 (名词性) 谓语句	「N 1 N 2 了」=「～はもう～だ」	名詞述語文

参考文献

陈满华（2008）『体词谓语句研究』，北京：中国文联出版社。

吕叔湘（1944）「個字的应用范围　附论单位词前一字的脱落」，『金陵、齐鲁、华西大学中国文化汇刊』第四卷。另载《汉语语法论文集》（增订本）北京：商务印书馆，1984。

张斌（2010）『现代汉语描写语法』。北京：商务印书馆。

张伯江、李珍明（2002）「"是 NP"和"是 (一) 个 NP"」，『世界汉语教学』，2002 年第三期，pp.59-69。

张麟声（2017）「从对外汉语教学的角度来看"体词谓语句""是字句"的互补性分布」，『海外华文教育』，总第 90 期，pp322-332，2017 年 07 月。

国立国語研究所（1965）『分類語彙表』，秀英出版。

張麟声（1983）「日中両語の助数詞」，『日本語学』，1983 年 8 月号。

張麟声（2016）『名詞述語文における中日対照研究の諸問題について―『みんなの日本語』を手掛かりに―」，『中国語話者のための日本語教育研究』，第 7 号，pp1-14。

ホラス由美子（2004）『はじめよう……インドネシア語』，三修社。

2　中国語の構文の日本語訳

"V-给-人"の日本語訳について

古賀　悠太郎

一　はじめに

　本稿では，中国語の授与を表す形式の1つである"V-给-人"をどのように日本語に翻訳するかについて検討する。

　筆者は古賀（2021）において，やはり授与を表す"给-人-V"の日本語訳について検討した。

　(1)　小李<u>给-小杨-买了</u>一本书。（李君が楊君に本を買った。）
　　　　　　给-人-V

　つまり，古賀（2021）と本稿は「中国語の授与を表す形式の日本語訳について検討する」という点が共通しており，本稿は古賀（2021）の続きということになる。

　(2)　小李<u>送-给了-小杨</u>一本书。（李君が楊君に本を贈った。）
　　　　　　V-给-人

　なお，古賀（2021）では，"给-人-V"の日本語訳について，主に以下の2つの点を考察した。

　　①　"给-人"部分(受納者)はどのように訳すべきか（「～に／～のために」など）
　　②　"V"部分（動詞）はどのように訳すべきか（「Vのみ／ V-てやる」など）

　本稿でも，"V-给-人"の日本語訳について，「"V"部分」と「"给-人"部分」に分けて検討する[1]。

二　"V-给-人"を形成する動詞

　本稿では，"V-给-人"のV（動詞）の種類ごとにその日本語訳を検討する。より具体的には，まずは"V-给-人"を形成する動詞を三項動詞と二項動詞に分ける。ただし，二項動詞はさらに「二項動詞A」と「二項動詞B」に分ける。

---

1)　"给-人-V"は形式的に"给-人"部分が左側であるので，古賀（2021）では"给-人"部分の日本語訳をメイン，"V"部分の日本語訳をサブとして検討した。一方，"V-给-人"は"V"部分が左側にあるので，本稿では"V"部分の日本語訳の方をメインとして検討を進める。

さらに，"输"（負ける）と"嫁"（嫁ぐ）については，これらの動詞が"V-给-人"を形成する"输-给-人"や"嫁-给-人"はやや特殊であると思われるので，「その他動詞」として個別に検討する。

表1 "V-给-人"を形成する動詞の分類[2]

三項動詞	"送"（贈る）；"递"（渡す・差し出す）；"交"（渡す・任せる）；"借"（貸す）；"还"（返す）；"分・分配"（分ける・割り当てる）；"教"（教える）；"告诉"（教える・伝える）
二項動詞A	"扔"（投げる）；"丢"（投げる）；"踢"（蹴る）
二項動詞B	"打电话"（電話する）；"写信"（手紙を書く）；"寄"（郵送する）；"汇"（送金する）
その他動詞	「負ける」と「嫁ぐ」 "输"（負ける）；"嫁"（嫁ぐ）

それぞれの動詞が"V-给-人"を形成する例（作例）は以下の通りである。
(3) 小李送-给了-小杨一瓶好酒。（李君が楊君に良い酒を贈った。）
(4) 小李踢-给了-小杨一个足球。（李君が楊君にボールを蹴った。）
(5) 小李寄-给了-小杨一个包裹。（李君が楊君に荷物を郵送した。）
(6) 小李输-给了-小杨。（李君が楊君に負けた。）
(7) 小李嫁-给了-小杨。（李君が楊君に嫁いだ。）
また，このうち二項動詞Bは"给-人-V"も形成できる。
(8) 小李给-小杨-寄了一个包裹。（李君が楊君に荷物を郵送した。）
これを踏まえて，以下の部分では，動詞の種類ごとに"V-给-人"の日本語訳を検討していく。

三　三項動詞の場合

ここで言う三項動詞とは，"V-给-人"を形成する動詞のうち，二重目的語構造"V-人-N"も形成できる動詞のことである。たとえば，"送"（贈る）という

---

2) すでに杉村博文（2006）や今井俊彦（2018）が中国語の授与動詞構文（"给-人-V"や"V-给-人"など）を形成する動詞についてまとめている。表1はこれらの先行研究が"V-给-人"を形成する動詞として挙げているものを項の数に基づいて分類しなおしたものである。また，「二項動詞B」は，日本語では「彼に資料を郵送する」のように二格とヲ格の両方を取ることから「三項動詞」として扱ったが，本稿では，中国語で二重目的語構造"V-人-N"を形成できないことを重視して「二項動詞」として扱う。

動詞は "送 - 给 - 他 - 礼物" のように "V- 给 - 人" を形成するが，同時に "送 - 他 - 礼物" のように二重目的語構造 "V- 人 -N" を形成することもできる。また，これらの動詞は日本語では「彼にプレゼントを贈る」のようにニ格とヲ格の両方を取る。

3.1 "V" 部分

よく知られているように，日本語の「V- てやる」（「V- てあげる」も）[3] は「恩着せがましさ」「上から目線」などを感じさせてしまう場合があるため，使用にあたっては注意が必要である。

とはいえ，三項動詞が "V- 给 - 人" を形成する場合は，"V" 部分を（「V のみ」のほか）「V- てやる」に訳しても差し支えない（恩着せがましさなどが強くは感じられない）ことが多いようである。

(9) 没让你背尸体，我家有板车，<u>借 - 给 - 你</u>用。（余华《兄弟》）
    あんたに死体を背負わせたりしないよ。うちにある台車を<u>貸してあげる {／貸す}</u> から。（泉京鹿訳）

(10) 赵诗人就往左边挪过去了，右边的位置让 - <u>给了 - 刘作家</u>。（兄弟）
    趙詩人は左側に移り，右側を劉作家に<u>譲った {／譲ってやった}</u>。（泉訳）

(11) 我把登载着蝗虫消息的晚报<u>送 - 给 - 他</u>，（莫言《红蝗》）
    私がイナゴのニュースの載った夕刊を<u>手渡す {／手渡してやる}</u> と，（吉田富夫訳）

例 9-11 はいずれも中国語原文の小説とその日本語訳である。"V- 给 - 人" の "V" 部分の訳し方を見ると，例 9 は「V- てやる」，例 10-11 は「V のみ」（「てやる」を伴わない形）に訳されているが，これらの文脈では「V のみ」と「V- てやる」のどちらを選択することも可能であると感じられる。

そして，これらの例をより詳しく見ると，「話し手が聞き手に対して授与行為を行うことを申し出る場合」（例9）[4]や，「小説の地の文などにおいて第三者や『私』の授与行為について叙述する場合」（例 10-11）には「V- てやる」が可能になりやすいと言えそうである。

---

3)「V- てあげる」のほうが「V- てやる」に比べるとやや丁寧である。そのため，「V- てやる」に訳すのは抵抗があっても「V- てあげる」ならば可能であると感じられる "V- 给 - 人" の例もある。本稿では，このような例についても「『V- てやる』に訳すことが可能」と見なす。
4)　中俣尚己 (2014) は，日本語書き言葉均衡コーパス (BCCWJ) に出現している「V- てあげる」の例を観察し，「V- てあげる」の全用例のうち「V- てあげようか」（申し出）が 6.7% であるということを指摘している。

一方，次の例のように，「話し言葉において話し手が自らの授与行為について述べる場合」（「いつも V- てやる」「昨日 V- てやった」など）は，「V- てやる」を選択すると恩着せがましさなどが前面に出てしまいやすい。

(12) 王冰棍今天还是背着冰棍箱子，跟着游行队伍敲敲打打，喊叫着要把冰棍卖 - 给 - 阶级兄弟阶级姐妹；(兄弟)

王冰棍は，今日もまたアイスキャンディーの箱を背負って，デモ隊の後について音をたてながら，階級の兄弟姉妹にアイスキャンディーを売る｛／売ってやる｝，と叫んでいる。（泉訳）

また，授与者の地位が受納者より上であるなど，授与者と受納者の関係によっては，「V- てやる」を避けたほうがよい場合がある。

(13) 四老爷来了，建庙的包工头迎上来，递 - 给 - 四老爷一支罕见的纸烟，(红蝗)

四老爺が来たのを見て，親方が出迎え，珍しい紙巻きタバコを一本，渡した｛／？渡してやった｝。（富田訳）

そのような場合には，「V のみ」（「てやる」を伴わない形，たとえば「V ます」「V ました」など）に訳すのが無難であるが，尊敬語の「V- てさしあげる」に訳すという方法もある。

(14) （例 13 の日本語訳）四老爺が来たのを見て，親方が出迎え，珍しい紙巻きタバコを一本，渡して差し上げた。

ここまで述べたことをまとめると，次のようになる。三項動詞が "V- 给 - 人" を形成する場合，①"V" 部分は基本的に「V- てやる」に訳しても差し支えない（話し手が聞き手に対して授与行為を行うことを申し出る場合などは「V- てやる」がより可能になりやすい），②ただし「話し言葉において話し手が自らの授与行為について述べる場合」などは「V のみ」に訳す（「V- てやる」を避ける）ほうが無難である。

3.2 "给 - 人" 部分

三項動詞が "V- 给 - 人" を形成する場合，"给 - 人" 部分の日本語訳については，「"V- 给 - 人" が（純粋に）モノの授与のみを表す場合」と「"人" を助けるという気持ちでモノの授与が行われることを表す場合」に分けて考える必要がある。

まず，"V- 给 - 人" がモノの授与のみを表す場合，"给 - 人" 部分は基本的には「〜に」に訳すことになる。「〜のために」などに訳すのは難しい。

(15) 那个吹号的小战士捏着一只死蝗虫递 - 给 - 猫头鹰，(红蝗)

ラッパ手の兵隊が死んだイナゴを抓んで<u>フクロウに</u> {／ * のために}
差し出すと，（富田訳）

(16) 他又穿上了一双米色的塑料凉鞋，这是李兰在结婚前<u>送-给-他</u>的，（兄弟）
さらにベージュ色のプラスチックのサンダルを履いた。結婚前，李蘭
が<u>彼に</u> {／ ? のために} 贈ったものだった。（泉訳）

例 15 は，"小战士"（兵隊）が"猫头鹰"（フクロウ）に"死蝗虫"（死んだイ
ナゴ）を授与することのみを表している。このような場合，中国語原文の下に
付した日本語訳が示しているように，"给-人"部分は「〜に」に訳すべきである。

例 16 もやはり"李兰"（李蘭）が"他"（彼＝李蘭の夫である宋凡平）に"涼
鞋"（サンダル）を授与するということのみを表しており，その行為が"他"を
助けるという気持ちを明確に伴っているとまでは言い難い。そのため，"给-人"
部分はやはり「〜に」に訳したほうがよいだろう。ただし，授与の対象物（涼鞋）
が一般的に受け取るのが有り難いものであることや，妻から夫への授与である
ことなどから，この授与行為には（「助ける」「救助」とまでは言えないまでも）
何らかの恩恵性を伴うとも考えられる。そのためか，例 15 に比べると「〜のた
めに」の容認度がやや高くなるように感じられる。

一方，"V-给-人"が"人"を助けるという気持ちでモノの授与が行われるこ
とを表す場合には，"给-人"部分は「〜に」のほか「〜のために」に訳すこと
も可能である。

(17) 我欠人不少，把我留下的（财富）<u>送-给-穷人</u>。（BCC）
私は多くの人に借りがあるし，残った財産ぐらい<u>貧しい人</u> {に／のた
めに} 寄付しよう。（筆者試訳）
私は多くの人に借りがあるし，残った財産ぐらい<u>貧しい人</u> {に／のた
めに} 寄付してあげよう。（筆者試訳）

(18) 儿子的消极情绪我也不能不管，于是我<u>教-给了-他</u>一些排除烦恼的方
法，（BCC）
息子のネガティブな情緒を放っておくことができず，私は<u>息子</u> {に／
のために} 悩みを消す方法を教えた。（筆者試訳）
息子のネガティブな情緒を放っておくことができず，私は<u>息子</u> {に／
のために} 悩みを消す方法を教えてやった。（筆者試訳）

例 17 は，"我欠人不少"（私は多くの人に借りがある）からも分かるように，"我"
（私）にとって，"留下的（财富）送给穷人"（残った財産を貧しい人に寄付する）

という授与行為は、"穷人"（貧しい人）を助けるという目的を明確に伴っていると言える。

例18についても、"我"（私）にとって、"教给了他一些排除烦恼的方法"（彼＝息子に悩みを消す方法を教える）という（知識の）授与は、"儿子"（息子）の"消极情绪"（ネガティブな情緒）を解決する、つまり"儿子"を助けるという目的を明確に伴っているということが感じられる。

そして、このような場合、"给‐人"部分は「〜に」と「〜のために」のどちらに訳すこともできる。

以上の観察をまとめると、三項動詞が"V‐给‐人"を形成する場合、"给‐人"部分は「〜に」に訳すのが基本であるが、"V‐给‐人"が"人"を助けるという気持ちでモノの授与が行われることを表す場合には「〜のために」に訳すことも可能であるということになる。

3.3　その他

なお、"送""递"などを「上げる」「寄越す」に訳す場合、"V‐给‐人"の"V"部分を「V‐てやる」に訳すことはできない。「*上げてやる」「*寄こしてやる」という動詞の形式が存在しないからである。また、"给‐人"部分も「〜のために」に訳すのは難しい。

(19)　我十八叔家一个跟我同龄的妹妹建议把墙上的画儿揭下来送‐给‐四老爷，让他搂在被窝里睡觉。（红蝗）
十八番目の叔父の家の私と同い年の従妹が、夜抱いて寝られるように、壁の絵を外して四老爺に上げよう、と言い出した。（富田訳）
*壁の絵を外して四老爺に上げてあげよう、
*壁の絵を外して四老爺のために上げよう、

(20)　他干脆两只手都伸了过去，要两个孩子把酒碗和虾碗都交‐给‐他。（兄弟）
彼はさっと二本の手を伸ばし、二人の子供に酒とエビの碗を寄越すよう求めた。（泉訳）
*二人の子供に酒とエビの碗を寄こしてあげるよう求めた。
*二人の子供のために酒とエビの碗を寄越すよう求めた。

つまり、"送‐给‐人"を例に取ると、これは「〜に贈る／贈ってやる」（場合によっては「〜のために贈る」も可能）に訳されるほか、「〜にやる（あげる）」「〜に寄こす」などに訳すことも可能である。一方、「*〜に上げてやる」「*〜のた

めに上げる」「*〜のために上げてやる」に訳すことはできない。これは,動詞「寄越す」を選択する場合も同様である。

3.4　本節のまとめ

　三項動詞が"V-给-人"を形成する場合,「〜に V-てやる」か「〜に V」に訳すのが基本である。特に,話し手が聞き手に対して授与行為を行うことを申し出る場合などは「V-てやる」がより可能になりやすい。また,当該の授与が"人"を助けるという気持ちで行われるという場合には「〜のために V-てやる」や「〜のために V」に訳すことも可能になる。

四　二項動詞 A の場合

　二項動詞とは,"V-给-人"を形成する動詞のうち二重目的語構造"V-人-N"を形成しない動詞のことである。そして,二項動詞 A は,"扔"(投げる);"丢"(投げる);"踢"(蹴る)などのように二者がやや離れた場所にいる状態で授与行為が「投げる」「蹴る」などの方式で行われることを表す動詞である。これらの動詞は,二重目的語構文を形成することはない (*踢-他-足球)。

　二項動詞 A が"V-给-人"を形成する場合,"V"部分は「V のみ」に訳すのが無難である。なぜなら,「V-てやる」に訳すと「乱暴さ」「攻撃性」などが感じられる恐れが生じるからである。

(21)　"把我这件衣裳换上吧。"李缅宁扔-给-她一件夹克。(杉村2006)
　　　「私の衣装を取り替えてくれ」。李缅宁はジャケットを彼女に {投げた／#投げてやった[5]}。(筆者試訳)

　次に,"给-人"部分はどのように訳すのがよいか。最もシンプルな"把球扔-给-小杨""把球踢-给-小杨"を例として考えてみたい。

(22)　把球扔-给-小杨。
　　　ボールを楊君 {? に／* のために} 投げる。

(23)　把球踢-给-小杨。
　　　ボールを楊君 {?? に／* のために} 蹴る。

　例22-23が示すように,「〜のために」に訳すことはかなり難しいということ

---

5)　ここでの「#」は,文法的には成立するものの,語用論的にふさわしくない(「乱暴さ」「攻撃性」などを感じさせてしまう)ということを意味する。

にまず留意する必要がある。日本語で「＊楊君のためにボールを投げる／蹴る」と言える場面はかなり限定される。

　そして，ここで最も重要なのは，「～に」もやや不自然に感じられるということである。「～に投げる」はまだ許容しやすいかもしれないが，「～に蹴る」は許容度がより低くなる。

　では，"給‐人"部分はどうするかといえば，「～に向かって」「～のほうに」「～のほうへ」のように訳せば自然になる。

　(24)　（例22の訳）ボールを楊君{に向かって／の方に／の方へ} 投げる。

　(25)　（例23の訳）ボールを楊君{に向かって／の方に／の方へ} 蹴る。

　なお，なぜ「～に投げる／蹴る」がやや不自然に感じられるのかといえば，格助詞「に」が表すピンポイント性と授与行為としての「投げる」「蹴る」[6]の不確実性が矛盾するからであろう。「に」はピンポイントでの移動の到達点を表す。一方，授与行為としての「投げる」「蹴る」は基本的に二者がやや離れている状態で行われるため，コントロールに失敗してモノが相手にうまく届かないということもあり得る。

　このように考えると，「～に蹴る」のほうが「～に投げる」より許容度がさらに低くなる理由も説明ができる。つまり，一般的に，「足を使ってモノを蹴る」ほうが「手を使ってモノを投げる」よりもコントロールに失敗する可能性がさらに高く，「に」のピンポイント性との矛盾がより生じやすいからである。

　そのため，たとえば野球やサッカーの試合中における授与行為としての「投げる」「蹴る」について言及する際には，「～に投げる／蹴る」と言うことができる。なぜなら，野球やサッカーの試合においては，ボールを狙った相手にピンポイントで投げたり蹴ったりするのが前提だからである（もちろん，選手のレベルや状況などによっては結果として相手に渡らないこともあり得るが）。

　(26)　（野球の試合で）あの場面で李選手がファーストではなくセカンドの楊選手にボールを投げたのはファインプレーだった。

　(27)　（サッカーの試合で）あのタイミングで楊選手にボールを蹴ったことで，中国チームは大きなチャンスを作った。

　そのようなわけで，二項動詞Aが"V‐給‐人"を形成する場合，"給‐人"部分は「～に向って」「～の方に」「～の方へ」などに訳すのが最もよいと思われる。

---

6)　「授与行為としての『投げる』『蹴る』」とは，モノを「投げる」「蹴る」という方法で相手に授与するということを意味する。つまり，「相撲で力士Aが力士Bを投げる」や「プロレスでレスラーAがレスラーBを蹴る」などはこれに含まれない。

(28) 这时老二从床上扔-给-他一只塑胶手套。（BCC）
そのとき，次男はベッドの上から<u>彼 {に向かって／の方に／の方へ}</u>ゴム手袋を投げた。（筆者試訳）

(29) 突然一通电话响起，她二话不说的将手中开会用的资料扔-给-他，（BCC）
急に電話が鳴って，彼女は何も言わずに手にしていた会議資料を<u>彼{に向かって／の方に／の方へ}</u> 投げた。（筆者試訳）

以上，本節で検討したことをまとめると，二項動詞 A が "V-给-人" を形成する場合，基本的に「～に向って V」などに訳すのがよいということになる。

"V" 部分を「V- てやる」に訳すのは「乱暴さ」「攻撃性」などが感じられるので避けたほうがよい。"给-人"部分は「～のために」はもちろんのこと「～に」に訳してもやや不自然に感じられる。

五　二項動詞 B の場合

二項動詞 B は，"打电话"（電話する）；"寄"（郵送する）などのように二者が違う場所にいる状態で授与行為が電話機や郵便局などを介して行われることを表す動詞である。これらの動詞も二重目的語構文を形成することはない（* 打-他-电话）。

二項動詞 B が "V-给-人" を形成する場合，基本的に「～に V」に訳せばよい。つまり，"V" 部分は「V のみ」に，"给-人" 部分は「～に」に訳すということである。

(30) 离开哈尔滨后，我曾多次寄信-给-娜达莎，（李文方〈巴什卡小铺〉）
ハルビンを離れてから私は何度も<u>ナターシャに手紙を書いた</u>。（関根謙訳）
?私は何度も<u>ナターシャに手紙を書いてやった</u>。
*私は何度も<u>ナターシャのために手紙を書いた</u>。

第 2 節でも述べた通り，二項動詞 B は "V-给-人" のみならず "给-人-V" も形成できる。そのため，古賀（2021）ではこのタイプの動詞が "给-人-V" を形成する例の日本語訳について検討した。

古賀(2021)では，このタイプの動詞のうち"打电话"（電話する），"发短信"（メールを送る），"写信"（手紙を書く），"汇"（送金する）が "给-人-V" を形成す

る例について観察し，基本的には「〜に V」に訳すということを述べた。ただし，動詞が"汇"である場合のみ「〜のために」「V- てやる」に訳すことが可能になるが，それは「お金は基本的に誰にとっても受け取るのが嬉しいものである」「『送金する』だけがそれだけでモノの授与の意味を含む」という理由による。

　以上のことは"V- 给 - 人"にも当てはまると思われる。

(31) 老张给 - 小李 - 打电话。｜老张打电话 - 给 - 小李。
张さんは李君に電話した。
？张さんは李君に電話してやった。
＊张さんは李君のために電話した。

(32) 老张给 - 小李 - 发短信。｜老张发短信 - 给 - 小李。
张さんは李君にメールを送った。
？张さんは李君にメールを送ってやった。
＊张さんは李君のためにメールを送った。

(33) 老张给 - 小李 - 写一封信。｜老张写 - 给 - 小李一封信。
张さんは李君に手紙を書いた。
？张さんは李君に手紙を書いてやった。
＊张さんは李君のために手紙を書いた。

(34) 老张给 - 小李 - 汇两万元。｜老张汇 - 给 - 小李两万元。
张さんは李君に二万元送金した。
张さんは李君に二万元送金してやった。
张さんは李君のために二万元送金した。

　そこで，"汇 - 给 - 人"の例をさらにいくつか挙げておく。

(35) 他们就捐献了 22.6 万元。这笔款项已委托莆田市红十字会汇 - 给 - 灾区。
（BCC）
彼らは 22.6 万元を寄付し，莆田市の赤十字会を通して被災地にそのお金を送金した。（筆者試訳）
被災地にそのお金を送金してやった。
被災地のためにそのお金を送金した。

(36) 经审核后将奖金邮汇 - 给 - 中奖者。（BCC）
確認作業が終わった後，当選者に賞金を送金した。（筆者試訳）
？当選者に賞金を送金してやった。
？当選者のために賞金を送金した。

　例35と36を比較すると，例35は"汇-给-人"を「〜にV」のほか「V-てやる」「〜のために」に訳すことも可能であるが，例36は「V-てやる」「〜のために」を選択すると容認度が落ちるように感じられる。

　これは，例35の「被災地に寄付金を送金する」という授与行為には被災地を助けるという気持ちが感じられるのに対して，例36の「当選者に賞金を送金する」という授与行為は業務として行われているにすぎないからであろう。

　以上，二項動詞Bが"V-给-人"を形成する場合，基本的に「〜にV」に訳せばよいということを述べた。ただし，動詞が"汇"などであれば，「V-てやる」「〜のために」に訳すこともあり得る。

六　"输"と"嫁"の場合

　本節では，動詞"输"（負ける）と"嫁"（嫁ぐ）が"V-给-人"を形成する場合（"输-给-人""嫁-给-人"）の日本語訳について検討する。

　そもそも，中国語の"给"は直接目的語と間接目的語を従える三項動詞である（给-他-一本书）。しかし，"输-给-人"と"嫁-给-人"に関しては，"给"を含んでいるにも関わらず目的語は1つである。しかも，"输"（負ける）は"赢"（勝つ）と対義語の関係にあるが，"输"は"＊输他"の形で使用することができず，"赢"は"＊赢给他"の形で使用することができない。"嫁"（嫁ぐ）と"娶"（娶る）についても同様の現象が見られる。

　　(37)　甲队｛输给／＊输｝乙队。（甲チームが乙チームに負ける。）

　　(38)　乙队｛＊赢给／赢｝甲队。（乙チームが甲チームに勝つ。）

　　(39)　李小姐｛嫁给／＊嫁｝杨先生。（李さんが楊さんに嫁ぐ。）

　　(40)　杨先生｛＊娶给／娶｝李小姐。（楊さんが李さんを娶る。）

　このような特殊性から，動詞"输"（負ける）と"嫁"（嫁ぐ）が"V-给-人"を形成する場合（"输-给-人""嫁-给-人"）については，特別に節を設けて検討する。

　とは言うものの，基本的に，"输-给-人"は「〜に負ける」に訳すことになるし，"嫁-给-人"は「〜に嫁ぐ」に訳すことになると思われる。

　　(41)　刘作家在绰号上面没有输-给-赵诗人，（兄弟）

　　　　　　趙詩人に負けないあだ名を持つ劉作家は，（泉訳）

　　(42)　幼儿园的老师嫁-给了-出租车的司机。（毕飞宇《推拿》）

幼稚園の先生が<u>タクシーの運転手に</u>嫁ぐとか。（飯塚容訳）

(43)　也就是在这时，巴什卡嫁 - 给了 - 老伊万。（巴什卡）
　　　ちょうどそのころにパッシェンカが<u>イワンの元に</u>嫁いできたのである。（関根訳）

　つまり、"输 - 给 - 人"も"嫁 - 给 - 人"も、"V"部分（输,嫁）は「Vのみ」（負ける,嫁ぐ）に訳す、"给 - 人"部分は「～に」に訳すのが基本的ということである。

　なお、"输 - 给 - 小杨"を「楊君のために負ける」と訳すならば、「試合に故意に負ける」というニュアンスが生じる上に、「相手が楊君ではない」（楊君の便宜を図るために楊君以外の相手との試合に故意に負けるなど）という可能性も生じてしまい、中国語原文と乖離が生じることになる。それから、"嫁 - 给 - 杨先生"を「楊さんのために結婚する」と訳すならば、むしろ「結婚の相手が楊さんではない」（楊さんを喜ばせるために他の誰かと結婚するなど）可能性のほうが高くなる。

　また、"嫁 - 给 - 人"は「～に嫁ぐ」のほか、「～の嫁になる」「～と結婚する」など他の日本語表現も存在する。

(44)　你娘嫁 - 给 - 斑马啦。（红蝗）
　　　お前の母ちゃんは、<u>縞馬のお嫁になった</u>でなあ。（吉田訳）

(45)　他们什么都不干涉我，就是不能答应我嫁 - 给 - 一个全盲。（推拿）
　　　ほかのことは干渉しないんだけど、<u>全盲の人と結婚する</u>ことだけは許さないの。（飯塚訳）

　以上、動詞"输"（負ける）と"嫁"（嫁ぐ）が"V- 给 - 人"を形成する場合について、"输 - 给 - 人"は「～に負ける」に訳す、"嫁 - 给 - 人"は「～に嫁ぐ」に訳すのが基本的であるということを確認した。ただし、"嫁 - 给 - 人"はほかにも「～の嫁になる」「～と結婚する」などに訳すこともできる。

七　"V- 给 - 我"の場合

　最後に、"V- 给 - 我"の場合の日本語訳について検討する。

　まず、動詞が三項動詞、二項動詞A、二項動詞Bのどのタイプであっても、"给 - 人"部分の日本語訳は"V- 给 - 人"の場合（第3節～第6節）に準ずると思われるので、本節で改めて見ていく必要はないだろう。

　本節で詳細に検討するべきは、"V"部分の日本語訳についてである。なぜなら、

34

日本語はいわゆる「視点制約」（久野暲 1978）が強く作用する言語の 1 つであり，授与の対象者 "人" が非一人称であれば「太郎にプレゼントする」「太郎にプレゼントしてやる」のように言うことができるが，"人" 部分が一人称（私）である場合，「* 私にプレゼントしてやる」はもちろん不可であるが，「? 私にプレゼントする」も不自然になるからである。では，どうするかと言えば，「V- てくれる」「V- てくる」などの方法で人称の階層（Person hierarchy）の逆行を調整するのが基本である（Shibatani 2003）。

　以上を踏まえて，ここでは，"V" 部分は「V- てくれる」と「V- てくる」のどちらに訳すのがよいかという点を中心に検討していきたい。

　動詞が三項動詞の場合，"V- 给 - 我" の "V" 部分は「V- てくれる」に訳すのが一番よいと思われる。

(46)　小李送 - 给 - 我一本书。
　　　李君が私に本を ｛贈ってくれた／? 贈ってきた｝。
　　　李君から私に本を贈ってきた。

　上の例が示しているように，「〜に V- てくれる」に訳すならば，当該の授与行為「私に本を贈る」が "我"（私）にとって恩恵的であるということを表すことができる。一方，「〜に V- てくる」に訳すならば，"我" にとって迷惑であるというニュアンスを伝えてしまう。ただし，「〜から V- てくる」ならば迷惑のニュアンスは感じられなくなる。

　なお，小説などでは「私に V」という表現が見られる。これは，小説の地の文などでは話し手（書き手）がいわゆる「神の視点」（高い位置から一人称（私）を含むすべての存在を俯瞰する視点）を取りやすいため，先に触れた「視点制約」が無効になりやすいからである。

(47)　他同时递给我的一张晚报上登载着蝗虫的消息。（红蝗）
　　　老人はすかさず，イナゴのニュースの載った夕刊を私に手渡した。

　動詞が二項動詞 A の場合，"V" 部分は「V- てくる」に訳すのがよい。また，「V のみ」に訳すことも可能であると思われる。一方，基本的に「V- てくれる」に訳すのは難しい。

(48)　小李踢 - 给 - 我一个球。
　　　李君が私に向かってボールを ｛? 蹴ってくれた／蹴ってきた｝。
　　　李君が私に向かってボールを蹴った。

「V- てくれる」が可能になるのは，たとえば「遠くに転がっているボールを

私に向かって蹴ってくれた」のような場合のみである。

　また，たしかに日本語は視点制約が強く作用する言語ではあるが，二項動詞A（「蹴る」「投げる」など）については「私に向かって蹴る／投げる」も非文とまでは感じられない。つまり，視点制約がかなりの程度取り消される。

　動詞が二項動詞Bの場合，"V"部分は「V-てくれる」に訳すのが一番よいと思われる。

(49)　小李打電话-给-我。
　　　李君が私に {電話してくれた／?電話してきた}。
　　　李君が私に電話をくれた。

(50)　小李写信-给-我。
　　　李君が私に {手紙を書いてくれた／?手紙を書いてきた}。
　　　李君が私に手紙をくれた。

　上の例が示しているように，「V-てくる」に訳すならば迷惑のニュアンスを帯びてしまうおそれがあるため，避けるのが無難である（先に検討した "V-给-我" の動詞が三項動詞である場合と同様）。

　また，"打电话-给-我" にしても "写信-给-我" にしても，「電話をくれる」「手紙をくれる」という別の訳し方も可能である。「*楊君に電話／手紙をやる」は不可であるのに対して[7]，「私に電話／手紙をくれる」は可能であるということは，覚えておくと便利であろう。

　以上，本節では "V-给-我" の日本語訳について検討した。その結果をまとめると，次のようになる。

　動詞が三項動詞の場合は「～にV-くれる」に訳すのが基本であるが，「～からV-てくる」も可能である。二項動詞Aの場合は「～に向かってV-てくる」に訳すべきである。二項動詞Bの場合は「～にV-てくれる」に訳すのが基本であるが，「電話／手紙をくれる」も可能である。

八　まとめ

　本稿では，中国語の "V-给-人" の日本語訳について検討した。その結果は以下の通りである。

---

7)　"打电话-给-小杨"（楊君に電話する），"写信-给-小杨"（楊君に手紙を書く）という授与行為が話し手にとって恩恵的であるという場合，「楊君に電話／手紙をくれる」は可能である。

【三項動詞が "V- 给 - 人" を形成する場合】
・「～に V- てやる」か「～に V」に訳すのが基本
・特に,話し手が聞き手に対して授与行為を行うことを申し出る場合などは「V- てやる」がより可能になりやすい
・モノの授与よりも恩恵の授与が主な目的であると思われる場合には「～のために V- てやる」や「～のために V」に訳すことも可能になる

【二項動詞 A が "V- 给 - 人" を形成する場合】
・基本的に「～に向って V」に訳すのがよい

【二項動詞 B が "V- 给 - 人" を形成する場合】
・基本的に「～に V」に訳せばよい(ただし,動詞が "汇" であれば「V- てやる」「～のために」に訳すこともあり得る)

【"输 - 给 - 人" "嫁 - 给 - 人" の場合】
・"输 - 给 - 人" は「～に負ける」に訳す
・"嫁 - 给 - 人" は「～に嫁ぐ」に訳す(ほかにも「～の嫁になる」「～と結婚する」など)

【"V- 给 - 我" の場合】
・動詞が三項動詞の場合:「～に V- くれる」(「～から V- てくる」も可)
・動詞が二項動詞 A の場合:「～に向かって V- てくる」
・動詞が二項動詞 B の場合:「～に V- てくれる」(「電話／手紙をくれる」も可)

例文出典

莫言《红蝗》(民族出版社,2004 年;初出 1987 年)
　　吉田富夫訳「飛蝗」(『至福のとき―莫言中短編集―』平凡社,2002 年所収)
余华《兄弟 上部》(上海文艺出版社,2006 年)
　　泉京鹿訳『兄弟 上 文革編』(文藝春秋,2008 年)
毕飞宇《推拿》(人民文学出版社,2008 年)
　　飯塚容訳『ブラインド・マッサージ』(白水社,2016 年)
李文方〈巴什卡小铺〉(《飞行猫 哈尔滨的故事》作家出版社,2014 年所收;初出 2011 年)

関根謙訳「パッシェンカおばさんとその小さな店」(『現代中国文学』20, ひつ
じ書房, 2018 年所収)

参考文献

今井俊彦(2018)「"給"を用いた授与形式の意味と用法」『防衛大学校紀要(人文科
　　学分冊)』116, pp.17-33.

久野暲(1978)『談話の文法』大修館書店.

古賀悠太郎(2021)「"給"の日本語訳について」『中文日訳の基礎的研究(三)』,
　　pp.23-40. 日中言語文化出版社.

杉村博文(2006)「中国語授与構文のシンタクス」『大阪外国語大学論集』35, pp.65-
　　96.

中俣尚己(2014)『日本語教育のための文法コロケーションハンドブック』くろしお
　　出版.

Shibatani, Masayoshi. 2003. Directional verbs in Japanese. Erin Shay and Uwe Seibert (eds.)
　　Motion, Direction and Location in Languages: In honor of Zygmunt Frajzyngier, pp.259-
　　286. Amsterdam and Philadelphia: John Benjamins Publishing Company.

「用」の日本語訳について

杉村　泰

一　はじめに

　中日辞典を見ると，中国語の"用"は日本語で，本動詞の場合は「使う」「用いる」「使用する」と訳し，介詞の場合は「で」と訳すことや，「飲食する」「召し上がる」と訳す場合もあることが記述されている。しかし，「使う」と「用いる」の使い分けが不明確であるし，他の日本語訳がふさわしい場合もある。そこで本稿では，"用"が本動詞の場合と介詞の場合に分け，対象ごとにどのように日本語に訳すかを細かく見ていく。

二　日本語の「使う」と「用いる」

　中国語の"用"は「使う」または「用いる」で訳すことが多い。「使う」と「用いる」について，小学館辞典編集部（1994:131）では次のように記述されている。

使う／用いる

共通する意味　何かのために働かせたり利用したりする。英to use
使い方の例　〔使う〕^(ワ五)／機械を使う／バスを使って通っている／我々は口を使って話し，足を使って歩く／〔用いる〕^(ア上一)／試合では彼の作戦を用いて圧勝した／

	鉛筆を□	新工法を□	この役には新人を□	人を□のはむずかしい	頭を□
使う	○	○	○	○	○
用いる	○	○	○	△	―

それぞれの意味と使い分け　(1)「使う」は，目的を持って，物，人，考え方，手段，方法を活用する意の一般的な言い方。(2)「部下を使う」「部下を用いる」

39

とどちらにも使える場合があるが，前者は単に働かせる意だが，後者はその人物を評価して活用する意である。(3)「用いる」には，「部下の提案を用いる」のように採用する意もある。

しかし，「用いる」は対象を特に用立てる場合に使うため，普通「鉛筆を用いる」とは言わない。以下，"用"の対象ごとに「使う」と「用いる」による翻訳可能性を見る。

三 "用"が本動詞の場合

まず，"用"が本動詞の場合から見る。この場合は主に「使って」「用いて」で訳せるかどうかが問題となる。以下の例文は北京外国語大学のBCCコーパスによるものである。

1. 道具
例(1)のように"用"の対象が単純な道具の場合は，普通「使う」を使い，「用いる」は使わない。

(1)　我准备开始练习左手<u>用</u>筷子。
　　　→私は左手で<u>箸を</u>｛<u>使う</u>/ *<u>用いる</u>｝練習を始めるつもりだ。

「用いる」は例(2)のように特にその道具を用立てる場合に使う。この場合に「使う」を使うと，特に何かに用立てるという意味が薄くなる。

(2)　画家<u>用</u>色彩，雕塑家<u>用</u>大理石，作家<u>用</u>笔，而同时也都<u>用</u>他们的灵魂。
　　　→画家は<u>色彩を</u>｛<u>使い</u>/<u>用い</u>｝，彫刻家は<u>大理石を</u>｛<u>使い</u>/<u>用い</u>｝，作家は<u>ペンを</u>｛<u>使い</u>/<u>用い</u>｝，同時にみな<u>彼らの魂を</u>｛<u>使う</u>/<u>用いる</u>｝。

2. 材料
例(3)のように"用"の対象が材料の場合は，「使う」も「用いる」も普通に使える。この場合も，「用いる」を使うと，特にその材料を用立てるという意味になる。

(3)　蛋糕是<u>用</u>鸡蛋、白糖、小麦粉</u>为主要原料。

→ケーキは卵，砂糖，小麦粉を主な材料として〔使う / 用いる〕。

3. 手段・方法

　例 (4) のように“用”の対象が手段の場合は，「使う」と「用いる」の他に「講じる」で訳すこともできる。このうち「使う」はニュートラルな意味で，「用いる」を使うと特にそれを用立てるという意味になる (以下同様)。また，「講じる」を使うと「考えてその手段を使う」という意味になる。

(4)　对聪明的人往往有聪明的办法，对蠢人往往没有办法，只能用手段。
　　　→賢い人に対しては往々にして賢い方法があるが，愚かな人に対しては往々にして方法がなく，手段を〔使う / 用いる / 講じる〕しかない。

　一方，例 (5) のように“用”の対象が方法の場合は，「使う」と「用いる」しか使えず，「講じる」では訳せない。

(5)　她问我攒私房钱是用的什么方法。
　　　→彼女は私にへそくりを貯めるのにどのような方法を〔使う / 用いる / *講じる〕か尋ねた。

　また，例 (6) のように“動詞＋法”で方法を表す場合は，「使う」は不自然で「やり方でやる」と言うのが普通で，特にその方法を使用する場合は「用いる」を使う。

(6)　一般人不会推销，因为他都用自己的想法。
　　　→普通の人は売りさばくことができない。なぜならば皆自分の考え方〔*を使う / を用いる / でやる〕からである。

4. 表現手段（データ・指標・図など）

　例 (7) 〜 (9) のように“用”の対象が表現手段 (データ・指標・図など) の場合は，「使う」も「用いる」も使える。

(7)　若用 11 年数据，纳斯达克和纽交所估计都是 "ZERO"!
　　　→もし 11 年のデータを〔使え / 用いれ〕ば，ナスダックとニューヨーク

証券取引所の見積もりはいずれも「ゼロ」である。

(8) 用这一指标可以表示固定资产的利用效率。
→この指標を{使え / 用いれ}ば固定資産の利用効率を表すことができる。

(9) 连杂志的销售量都往往取决于封面是否用了美女图。
→雑誌の消費量は往々にして表紙に美人画を{使う/用いる}かどうかによる。

5. 言葉

例 (10) のように"用"の対象が言葉の場合は,「使う」も「用いる」も使える。

(10) 在语言方面我们该用汉语时就用汉语,不必屈尊用外语。
→言葉の面で私たちは中国語を{使う / 用いる}ときは中国語を{使う / 用いる}べきであり,まげて外国語を{使う / 用いる}必要はない。

6. 力

"用"の対象が力の場合,普通は例 (11) のように「使う」も「用いる」も使える。

(11) 盘龙的这一拳只用了六成力量。
→盤龍のこの一撃は六割の力しか{使わ / 用い}なかった。

また,例 (12) のように全身の力を使う場合は,「使う」や「用いる」の他に「振り絞る」も使える。「振り絞る」を使うと全身の力を全て使うという意味が強調される。

(12) 因为他在第一箭射的时候,他以为是老虎向他扑来,他有生命危险,所以他射去,用了全部的力量。
→彼が最初に矢を射た時,彼は虎が自分に飛びかかって来て,生命の危機にあると思ったため,矢を射るのに,全ての力を{使った / 用いた / 振り絞った}。

一方,例 (13) のように何かに力を注入することを表す場合は,「使う」も「用いる」も使えず,「込める」や「入れる」を使う。

(13)　来吧，抓着我的头发——使劲一点，再<u>用</u>点力。
　　→来い。私の髪の毛をつかみ―力を込め，さらに<u>力</u>を｛*<u>使った</u> /*<u>用い</u>
　　　　<u>た</u> / 込めた / 入れた｝。

　また，例 (14) のように握手の場合も「使う」や「用いる」は使えず，「力強く握る」
あるいは「握り締める」と言うのが自然である。

(14)　他握住了她的手，<u>用</u>了很大的力量。
　　→*彼は彼女の手を握るのに，強い力を｛使った / 用いた｝。
　　→彼は彼女の手を｛力強く握った / 握り締めた｝。

7. 権力・武力

　例 (15), 例 (16) のように"用"の対象が権力や武力の場合は，「使う」や「用いる」
の他に「行使する」も使える。「行使する」を使うと硬い表現になる。

(15)　严格要求各级行领导<u>用权</u>力。
　　→各レベルの銀行の幹部が<u>権力</u>を｛使う / 用いる / 行使する｝ことを厳
　　　　しく求める。
(16)　我怕他们会对你<u>用武</u>力。
　　→私は彼らがあなたに<u>武力</u>を｛使う / 用いる / 行使する｝のを恐れている。

8. 薬

　"用"の対象が薬の場合は，動作主が医師の場合と患者の場合で訳し方が異な
る。例 (17) のように動作主が医師の場合は「使う」や「用いる」も使えるが，「投
与する」や「投薬する」を使った方が専門的なニュアンスが出る。

(17)　在使用抗生素方面，<u>用药</u> 3 天与<u>用药</u> 1 周或 10 天的疗效差别不大。
　　→抗生物質の使用においては, 三日間｛使う / 用いる / 投与する / 投薬する｝
　　　　のと一週間あるいは十日間｛使う / 用いる / 投与する / 投薬する｝のと
　　　　では治療効果にあまり差がない。

　一方，例 (18) のように動作主が患者の場合は，「使う」や「用いる」を使う

のは不自然で,「服用する」を使うのが自然である（飲み薬の場合）。

(18)　"饭后<u>用药</u>"指的就是吃完饭后马上<u>用药</u>。
　　→「食後に薬を{[*]<u>使う</u> / [*]<u>用いる</u> / <u>服用する</u>}」というのは食後すぐに薬
　　　を{[*]<u>使う</u> / [*]<u>用いる</u> / <u>服用する</u>}ということである。

9. 人間

　例 (19) のように"用"の対象が人間の場合,単に人を使用する場合は「使う」
を使い,特にその人の能力を評価して使用する場合は「用いる」を使い,さら
に高く評価して抜擢する場合は「登用する」や「起用する」を使う。そのため,
例 (20) のように人材を登用することを表す場合は「使う」は使えない。

(19)　因为他的档期有问题,所以我们决定<u>用</u>新人,
　　→彼のスケジュールに問題があったため,我々は<u>新人を</u>{<u>使う</u> / <u>用いる</u> /
　　　<u>登用する</u> / <u>起用する</u>}ことにした。
(20)　<u>用</u>新人主要是指启用一些文化素质高的年轻人,
　　→<u>新人を</u>{[*]<u>使う</u> / <u>用いる</u> / <u>登用する</u> / <u>起用する</u>}というのは,主に<u>文化</u>
　　　<u>的素養の高い若者を起用する</u>ことを指す。

10. 金銭

　例 (21) のように"用"の対象が金銭の場合は「使う」を使い,「用いる」は
使わない。

(21)　我买了一份保险,<u>用了一万多块钱</u>。
　　→私は保険に入り,<u>一万元あまりを</u>{<u>使った</u> / [*]<u>用いた</u> / [*]<u>かけた</u>}。

　ただし,例 (22),例 (23) のように費用をかけるという意味の場合は,「使う」
や「用いる」は不自然で,「かける」または「かかる」を使うのが自然である。

(22)　其实,有许多公益文化活动未必<u>用</u>很多钱。
　　→実際,多くの公益文化活動は必ずしも<u>たくさんのお金を</u>{[?]<u>使う</u> / [*]<u>用</u>
　　　<u>いる</u> / <u>かける</u>}必要はない。

(23)　4月3日住院，4月23日出院，总共<u>用了</u>15027元钱。
　　　→4月3日に入院し，4月23日に退院して，全部で<u>15,027元</u>｛[?]<u>使った</u>
　　　/[*]<u>用いた</u>/<u>かかった</u>｝。

11. 時間

　　例 (24) のように"用"の対象が時間の場合は「使う」を使い，「用いる」は使わない。

(24)　持卡人所有的消费都要刷卡，不用金钱而<u>用时间</u>。
　　　→カードを持っている人はあらゆる消費にカードを使い，現金を使わず
　　　（有効に）<u>時間を</u>｛<u>使う</u>/[*]<u>用いる</u>/[*]<u>かける</u>｝のである。

　　ただし，例 (25)，例 (26) のように所要時間を表す場合は，「使う」や「用いる」
は不自然で，「かける」または「かかる」を使うのが自然である。

(25)　人生的价值，并不是<u>用时间</u>，而是用深度去衡量的。
　　　→人生の価値は，決してどれだけ<u>時間を</u>｛[?]<u>使う</u>/[*]<u>用いる</u>/<u>かける</u>｝か
　　　にあるのではなく，いかに深く考えるかにある。
(26)　王红以10公里每小时的速度走路，走50公里<u>要</u>用几个小时？
　　　→王红は一時間に10キロの速さで走ります。50キロ走るには<u>何時間</u>｛[*]<u>使</u>
　　　<u>う</u>/[*]<u>用いる</u>/<u>かかる</u>｝でしょうか。

12. 場所

　　例 (27) のように"用"の対象が場所の場合は「使う」を使い，「用いる」は使わない。

(27)　书房很大，又清静，为了方便蔚甄教学，冯明珠说明蔚甄可以随时<u>用书房</u>。
　　　→書斎は広くて静かで，蔚甄の教学に便利なように，冯明珠は蔚甄がい
　　　つでも<u>書斎を</u>｛<u>使って</u>/[*]<u>用いて</u>｝よいと言った。

13. 頭

　　例 (28) のように"用"の対象が頭の場合は「使う」を使い，「用いる」は使わない。

(28)　从小我就被逼着思考，全靠自己解决问题，长年累月下来，养成了<u>用脑</u>

筋的習慣。

→子供の頃から私はいろいろ考えさせられ，自分で問題を解決してきて
おり，長年に渡って，頭を｛使う/*用いる｝習慣を養ってきた。

14. 魔法

例 (29) のように "用" の対象が魔法の場合は「使う」を使い，「用いる」は
使わない。

(29)　你怎么能用魔法呢。

→あなたはなぜ魔法を｛使う/*用いる｝ことができるのですか。

15. 手術

例 (30) のように "用" の対象が手術の場合は，「使う」も「用いる」も使えず，
「する」または「受ける」を使う。患者の立場からは「手術をする」とも「手術
を受ける」とも言い，医師の立場からは「手術をする」と言う。

(30)　我儿子现在是已经不可能吃中药治好必须得用手术。

→私の息子は現在すでに漢方薬を飲んでも治らず，手術を｛*使う/*用
いる/する/受ける｝必要がある。

16. 行動・態度

例 (31)，例 (32) のように "用" の対象が行動や態度の場合は，「使う」や「用
いる」は使えず，「取る」または「に出る」を使うのが自然である。

(31)　他在担心她的健康，妮可认为言语无法解除他的忧虑，必须用行动。

→彼が彼女の健康を心配しており，ニコルは言葉では彼の憂慮を取り除
くことはできず，行動｛*を使う/*を用いる/を取る/に出る｝しか
ないと思った。

(32)　如果和竞争对手同在一起吃饭，聊天，我要用什么态度。

→もし競争相手と一緒に食事し，話をするとしたら，私はどのような態
度｛*を使う/*を用いる/を取る/に出る｝のがいいか。

17. 努力

例 (33) のように "用" の対象が努力の場合は,「使う」や「用いる」は使えず,「努力をする」と訳すのが自然である。

(33) 人生最大之报偿在善用自己的努力。
→人生最大の報償はよく自己の努力を{*使う/*用いる/する}ことにある。

18. 心

例 (34), 例 (35) のように "用" の対象が心の場合は,「使う」や「用いる」は使えず, 文脈に応じて「心を配る」「気を配る」「気を遣う」「気を付ける」「注意する」などと訳す。

(34) 干什么, 用心用心一定要用心！
→何をするにしても, 必ず{心を配る/気を配る/気を遣う/気を付ける/注意する}べきだ。

(35) 一定要先做"五心人", 即出车要细心、上车要专心、开车要用心、服务要热心、待客要虚心。
→必ずまず「五心人」になるべきである。つまり車を出す時は細心に, 車に乗り込む時は専念し, 車を運転する時は{*心を配り/*気を配り/*気を遣い/気を付け/注意し}, 勤務は熱心に, お客様に対しては虚心であるべきである。

また, 例 (36) のように "用心" 全体で名詞になる場合は「心配り」「気配り」「心遣い」「気遣い」などと訳す。

(36) 谢谢你的用心, 带给我真心的温暖。
→あなたの{心配り/気配り/心遣い/気遣い}に感謝します。私に真心からの暖かさをくれて。

19. トイレ

次に "用" の対象がトイレやバスルームの場合について見る。例 (37), 例 (38) のようにその場所の使用に着目する場合は「使う」を使い,「用いる」は使えない。

47

(37) 初住户没水喝，没水做饭，不能用洗手间。
→（断水で）家には飲み水がなくなり，炊事用の水がなくなり，トイレが {使えなく /*用いられなく} なった。

(38) "如果你要用洗手间，我让你先用。"
→「もしバスルームを {使い /*用い} たいなら，お先にどうぞ。」

一方，例 (39) のように用便に着目する場合は，「使う」も「用いる」も使えず，「トイレに行く」または「トイレに入る」を使う。ただし，例 (40) のようにトイレが近くにない場合は「トイレに入る」は不自然で，「トイレに行く」と言う。

(39) 人口多的家庭早上就"热闹"了，便秘的年轻人为了赶时间，特地起个大早用洗手间，但每一次少说也有半小时。
→家族の多い家庭の朝は「にぎやか」である。便秘の若い人は時間に間に合うように，特に早く起きてトイレ {*を使う /*を用いる /に行く /に入る}。

(40) 一对夫妇驾车旅途中在一家乡下餐厅停了下来。妻子想用卫生间。
→ある夫婦が車で旅行している途中，田舎の食堂で止まった。妻がトイレ {*を使い /*を用い /に行き /?に入り} たがったのである。

また，例 (41) のように場所の使用とも用便とも捉えられる場合は，「使う」「行く」「入る」のいずれも使える。

(41) 到了波曼才中午时分，我只租了一间房间，大家轮流用洗手间，
→ポーマンに着いたのはやっとお昼であった。私は部屋を借り，皆交替で洗面所 {を使い /*を用い /に行き /に入り}，

四 "用" が介詞の場合

次に "用" が介詞の場合について見る。この場合は主に「で」「によって」「使って」「用いて」で訳せるかどうかが問題となる。

1. 道具
例 (42) 〜 (44) のように "用" の対象が道具の場合は，普通は「で」を使い，

48

特にそれを利用する場合は「使って」，取り立てて何かに用立てる場合は「用いて」を使う。このように「で」，「使って」，「用いて」はこの順に対象の特殊性が高くなる（以下同様）。そのため，例 (44) のように特殊な技術を要する場合に「で」を使うと，間違いではないが少し軽い感じがする。なお，道具の場合，「によって」は使いにくい。

(42) 中国人主要是用筷子吃饭的。
→中国人は主に箸 {で / *によって / [?]を使って / *を用いて} ご飯を食べる。

(43) 最近在摩洛哥就兴起了一种，用起重机吊起食客到半空中吃饭的空中餐厅。
→最近モロッコに，起重機 {で / *によって / を使って / [?]を用いて} 客を半空中に吊り上げて食事をさせる空中レストランが出現した。

(44) 另外两名医生只在动物身上试验过用腹腔镜做手术。
→このほか二人の医師が動物にのみ腹腔鏡 {で / *によって / を使って / を用いて} 手術した。

2. 材料

例 (45)，例 (46) のように"用"の対象が材料の場合は，普通は「で」を使い，特にそれを利用する場合は「使って」，取り立てて何かに用立てる場合は「用いて」を使う。また，道具の場合と同様に「によって」は使いにくい。

(45) 原来蛋挞是用鸡蛋做的。
→元来エッグタルトは卵 {で / *によって / [?]を使って / *を用いて} 作ったものだ。

(46) 为了纪念薄命的玛丽娅，用大理石建筑了一个喷泉。
→薄命のマリアを記念するために，大理石 {で / *によって / を使って / を用いて} 噴水を作った。

3. 手段・方法

例 (47) のように"用"の対象が手段の場合は，「で」「によって」「使って」「用いて」の他，「講じて」も使える。「によって」は「で」の硬い表現となる。

(47) 我不能用卑鄙的手段去对付一个女孩子。
→私は卑劣な手段 {で / によって / を使って / を用いて / を講じて} 女の

子に対応することはできない。

　ただし，例 (48) のように「手段」に修飾語のない裸名詞の場合は「で」が使えず，「このような手段」のように修飾語が付くと「で」が使えるようになる。これは「方法」の場合も同様である。

(48)　我的爱是纯的，不需要<u>用</u><u>手段</u>去争取，
　　　→私の愛は純粋なものであり，<u>手段</u>｛*で / によって / を使って / を用いて / を講じて｝勝ち取るものではない。

　一方，例 (49) のように"用"の対象が方法の場合は，「で」「によって」「使って」「用いて」は使えるが，「講じて」は使えない。

(49)　他们是想<u>用</u><u>这个方法</u>发电。
　　　→彼らはこの<u>方法</u>｛で / によって / を使って / を用いて / *を講じて｝発電したいと思った。

　また，例 (50) のように"動詞＋法"で方法を表す場合は，「で」「によって」「用いて」は使えるが，「使って」は使えない。「講じて」も使えない。

(50)　他们以前还从没有用这种唱法唱过这支歌。
　　　→彼らは以前まだこのような歌い方｛で / によって / *を使って / を用いて / *を講じて｝この歌を歌ったことがなかった。

4. 表現手段（データ・指標・図など）

　例 (51) 〜 (53) のように"用"の対象が表現手段（データ・指標・図など）の場合は，「で」「によって」「使って」「用いて」のいずれも使える。

(51)　一切活动过程又要<u>用</u><u>一定的数据</u>来控制，最后还要<u>用</u><u>数据</u>来反映成果。
　　　→一切の活動過程はまた一定のデータ｛で / によって / を使って / を用いて｝コントロールし，最後にデータ｛で / によって / を使って / を用いて｝成果を反映させなければならない。

50

(52)　世界上不同学校都有自己不同定位，没有必要<u>用</u>指标强求一致。

　　　→世界の異なる学校にはみなそれぞれ異なる位置付けがあり，<u>ある指標</u> ｛で / によって / を使って / を用いて｝無理に一致させる必要はない。

(53)　实际物理系统都是可以<u>用</u>图来进行描述的。

　　　→実際物理システムはみな<u>図</u>｛で / によって / を使って / を用いて｝説明することができる。

5. 言葉

例 (54) のように "用" の対象が言葉の場合，普通は「で」「によって」「使って」「用いて」のいずれも使える。

(54)　爱不是<u>用</u>语言可以表达的，是心灵的感觉．

　　　→愛は<u>言葉</u>｛で / によって / を使って / を用いて｝表されるものではなく，精神の感覚である。

ただし，例 (55) のような場合は「によって」を使うと仰々しく感じるため不自然になる。また，例 (56) の「一言で〜する」は固定化した表現であり，「で」しか使えない。

(55)　一位叫理惠子的小同学还<u>用</u>汉语向中国小朋友问好。

　　　→理惠子という子はさらに<u>中国語</u>｛で / *によって / を使って / を用いて｝中国人の友達に挨拶をした。

(56)　他<u>用</u>一句话来概括他的观点———未来的世纪将是信息的世纪。

　　　→彼は<u>一言</u>｛で / *によって / *を使って / *を用いて｝自分の観点を概括した──未来の世紀は情報の世紀だ。

6. 力

"用" の対象が力の場合，例 (57) は「で」「によって」「使って」「用いて」のいずれも使える。

(57)　终于奇迹般地<u>用</u>人力端来几十吨水，

　　　→ついに奇跡的に<u>人力</u>｛で / によって / を使って / を用いて｝数十トンの水を運んだ。

51

しかし，例 (58) 〜 (62) のような場合は，「精神力で / によって」「力を出して」「力を込めて」「微力を尽くして」「力いっぱい」など固定化した表現を使う。

(58) 只有用精神力量控制消费欲望，才能战胜金钱的诱惑。
→精神力 {で / によって / *を使って / *を用いて} 消費意欲をコントロールしてこそ，金銭の誘惑に勝つことができる。

(59) 我们在场上用了 200% 的力量，玩命地去拼，下一场还是会这样。
→私たちは競技場で 200％の力 {?で / *によって / *を使って / *を用いて / を発揮して}，必死にやり，次の試合もやはりこのようにする。

(60) 她用了全身的力气，把手腕从他掌握中抽出来。
→彼女は全身の力 {*で / *によって / ?を使って / *を用いて / を込めて}，彼に握られた手を引き抜いた。

(61) 用个人绵薄之力去推动我们共同的行程。
→個人の微力{*で / *によって / *を使って / *を用いて / を尽くして}我々の共同の行程を推し進める。

(62) 用力{点头 / 摇头 / 拍着桌子 / 握紧了手 / 关上门 / 跳上马车 / 跑向前}(作例)
→力 {*で / *によって / *を使って / *を用いて / いっぱい} {うなずく / 首を振る / 机を叩く / 手を握る / ドアを閉める / 馬車に飛び乗る / 前に駆けていく}

7. 権力・武力

例 (63), 例 (64) のように "用" の対象が権力や武力の場合は，「で」「によって」「使って」「用いて」の他，「行使する」も使える。「行使する」を使うと硬い表現になる。

(63) "这么说你是想用权力逼我就范？"
→「ということは，あなたは権力 {で / によって / を使って / を用いて / を行使して} 私を言うとおりにさせたいのか？」

(64) 有些人说，西方国家将用武力冲入西柏林。
→西側の国家は武力 {で / によって / を使って / を用いて / を行使して} 西ベルリンに入り込んだという人もいる。

52

8. 薬

　例 (65) のように "用" の対象が薬の場合は,「で」「によって」「使って」「用いて」のいずれも使える。例 (66) のように投薬治療の場合は「投薬によって」も使える。

(65)　会不会是这个人<u>用药</u>把她撂倒了呢？
　　→こいつは薬{<u>で / によって / を使って / を用いて</u>}彼女を倒したのだろうか。

(66)　是患的营养性疾病<u>用药</u>治疗会有疗效吗？
　　→栄養性疾病を{<u>薬で / 薬によって / 薬を使って / 薬を用いて / 投薬によって</u>} 治療することは効果的であろうか？

9. 人間

　例 (67) のように "用" の対象が人間の場合は,「によって」「使って」「用いて」「登用して」「起用して」は使えるが,「で」は使いにくい。

(67)　应千方百计地挖掘人才，<u>用好人才</u>，提高管理水平。
　　→あらゆる手段で人材を発掘し，<u>優れた人材</u> {[?]<u>で / によって / を使って / を用いて / を登用して / を起用して</u>}，管理の水準を高めなければいけない。

　一方, 例 (68) のように "用" の対象が人数の場合は「で」で訳すのが自然である。

(68)　阿基米德根据杠杆原理设计了一套杠杆滑轮系统，<u>只用一个人</u>拉一根绳索，就把大船拖下海去。
　　→アルキメデスは梃子の原理によって梃子滑車システムを設計し，たった<u>一人</u>{<u>で / *によって / *を使って / *を用いて</u>}一本の縄を引っ張って，大船を海に下した。

10. 金銭

　"用" の対象が金銭の場合, 例 (69) のように金額が安い場合は「で」を使い, 例 (70) のようにある程度以上費用を要した場合は「使って」を使う。いずれの場合も「によって」や「用いて」は不自然である。

(69) 父女俩用了 2 元钱乘公交车。
　　→父と娘は<u>2 元</u>〔<u>で</u>/ *によって/ *を使って/ *を用いて〕バスに乗った。
(70) 今天<u>用了</u>很多钱买了一件衬衫，一条悠闲西裤，一条皮带，一双皮鞋啊。
　　→今日は<u>たくさんのお金</u>〔<u>*で</u>/ *によって/ *を使って/ *を用いて〕シャツ
　　を一枚，カジュアルなズボンを一枚，ベルトを一本，革靴を一足買った。

　　ただし，例 (71) のように，値段のことだけでなく，財布からお金を出して払う様子に焦点がある場合は「出して」を使うのが自然である。

(71) 大胃黄文静带领我<u>用了</u>他 40 多块钱吃早饭，太猛了。
　　→大食いの黄文静は私を連れ，（彼の）<u>40 元</u>〔[?]<u>で</u>/ *によって/ [?]<u>使って</u>
　　/ *<u>用いて</u>/ <u>出して</u>〕朝ご飯を食べた。それはすごかった。

　　また，例 (72) のように費用を投じるという意味の場合は，「で」または「かけて」を使うのが自然で，「によって」「使って」「用いて」は不自然である。

(72) 我们 4 兄妹都是这一两年里通过房改买的房，每家至少都<u>用了两三万元</u>
　　钱装修。
　　→私たち 4 兄妹は皆この一，二年で住宅制度改革を通して家を買い，どの家も少なくとも<u>二，三万元</u>〔<u>で</u>/ *によって/ *<u>使って</u>/ *<u>用いて</u>/ <u>かけて</u>〕内装工事をした。
　　（※自動詞表現の「内装工事に二，三万元かかった」も可）

　　なお，例 (73) のように金銭を広義の道具として捉える場合は「で」「によって」「使って」を使う。

(73) <u>用外汇</u>从国外买进原料，加工后的成品再拿去出口，
　　→<u>外貨</u>〔<u>で</u>/ によって/ を使って/ *を用いて/ *をかけて〕国外から原料を買い入れ，加工した製品を再び輸出する。

11. 時間
　　例 (74) のように "用" の対象が一まとまりの時間（"时段"）を表す場合は「使っ

て」を使い，「用いて」「かけて」「で」「によって」は使わない。

(74) 我用这个时间翻翻您的书籍行吗?
→この時間｛*で/*によって/を使って/*用いて/*をかけて｝あなたの本を翻訳してもいいですか?

　一方，例 (75) のように所要時間を表す場合は，「で」「使って」「かけて」を使い，「によって」「用いて」は使わない。「かけて」は所要時間を長く捉えた場合に使う。なお，例 (76) のように裸名詞の"时间"の場合は「かけて」を使い，「使って」は使えない。

(75) 他们每天至少要用半个小时至一个小时回复问题。
→彼らは毎日少なくとも 30 分から 1 時間｛で/*によって/使って/*用いて/かけて｝問題を回復する。
(76) 用时间去解决问题其实是一种消极的方法!
→時間｛*で/*によって/[?]を使って/*用いて/をかけて｝問題を解決するのは消極的な方法だ。

12. 場所
　例 (77) のように"用"の対象が場所の場合は「で」または「使って」を使い，「によって」や「用いて」は使わない。

(77) 他们在你的牧场打仗，用你家的厨房更衣，然后又转移阵地到别的他方去打。
→彼らは君の牧場で戦い，君の家の厨房｛で/*によって/を使って/*を用いて｝着替え，それからまた陣地を別のところに移して戦った。

13. 頭
　例 (78) のように"用"の対象が頭の場合は「で」または「使って」を使い，「によって」や「用いて」は使わない。

(78) 至于这'铃'应该如何解法，这就得要你自己用脑筋想办法了。

→この(虎の首にかけた)「鈴」をどうやって外すかは,あなた自身が頭{で
/[*]によって/を使って/[*]を用いて} 方法を考える必要がある。

14. 魔法

例(79)のように"用"の対象が魔法の場合は「で」「によって」「使って」を使い,
「用いて」は使わない。

(79) 寄宿学校许多学生被人用魔法变成了石头,
→寄宿学校の多くの生徒が魔法{で/によって/を使って/[*]を用いて}
石に変えられ,

15. 手術

"用"の対象が手術の場合,例(80)のように患者の立場の場合は「使って」も「用
いて」も使えず,「で」または「によって」を使う。

(80) 平平,不要担心,你的疤痕能用手术修复,你肯定还是一个漂亮的女孩儿
→平平,心配するな。君のおできの跡は手術{で/によって/[*]を使って
/[*]を用いて} 治るよ。君は絶対にきれいな女の子のままだ。

一方,医師の立場の場合は,例(81)のように具体的な手術名の場合は「で」「に
よって」「使って」「用いて」のいずれも使えるが,例(82)のように裸名詞の"手
术"の場合は「で」「によって」しか使えない。

(81) 用腹腔手术治疗子宫肌瘤、卵巢良性肿瘤、宫外孕。不孕症等。
→腹腔鏡手術{で/によって/を使って/を用いて} 子宮筋腫,良性卵巣
腫瘍,不妊症などを治療した。
(82) 解放军３０１医院近年用手术治疗６０余例。
→解放军301病院は近年手術{で/によって/[*]を使って/[*]を用いて}
60余例の治療をした。

16. 行動・態度

例(83),例(84)のように"用"の対象が行動や態度の場合は,「使って」や「用

56

いて」は使えず，「で」「によって」または「取って」「に出て」を使う。

(83)　我<u>用</u>行动证明了自己的存在价值和创造价值。
→私は行動 {で / によって / *を使って / *を用いて / を取って / に出て}
自分の存在価値と創造価値を証明した。

(84)　若是她并非身为公主，他会<u>用</u>什么态度对待她？。
→もし彼女がお姫様でなかったら，彼は<u>どのような態度</u> {で / によって /
*を使って / *を用いて / を取って / に出て} 彼女に接しただろうか。

17. 努力

例 (85) のように "用" の対象が努力の場合は，「使って」や「用いて」は使えず，
「で」「によって」または「努力して」を使う。

(85)　世上有许多东西是可以<u>用努力</u>去争取的。
→世の中には<u>努力</u> {で / によって / *を使って / *を用いて / して} 勝ち取
ることができるものがたくさんある。

18. 心

例 (86) のように "用心" の "心" が広義の場所として捉えられる場合は，「に
よって」「使って」「用いて」は使えず，「で」を使うのが自然である。

(86)　恨一个人要<u>用心</u>去恨．而不是<u>用脑</u>去恨。
→誰かを恨むなら<u>心</u> {で / *によって / *を使って / *を用いて} 恨むべき
であり，<u>頭</u> {で / *によって / *を使って / *を用いて} 恨むべきではない。

また，例 (87) ～例 (91) のような場合は「で」「によって」「使って」「用いて」
のいずれも使えず，特別な言い方をする。例えば，例 (87) のように注意を表す
場合は文脈に応じて「心を配って」「気を配って」「気を遣って」「気を付けて」「注
意して」などと訳す。

(87)　每当我们做一件事的时候我们要<u>用心</u>去做
→我々は何かする度に，{<u>心を配って</u> / <u>気を配って</u> / <u>気を遣って</u> / <u>気を付</u>

57

けて／注意して｝すべきだ。

例 (88) のように誠意を表す場合は「心を込めて」と訳す。

(88) "在我面前，你可以说出你的想法。"他会<u>用心</u>地听她的想法。
   → 「私の目の前で，あなたは自分の考えを話してもかまいません。」彼
     は<u>心を込めて</u>彼女の考えを聞く。

例 (89) のように物事に専念することを表す場合は「一生懸命に」「一心に」
などと訳す。

(89) 后来，达・芬奇<u>用心</u>学习素描，经过长期的艰苦的艺术实践，终于创作
   出许多不朽的作品。
   →その後，ダ・ヴィンチは｛<u>一生懸命に</u>／<u>一心に</u>｝素描を学び，長く苦
     しい芸術の実践を経て，ついにたくさんの不朽の作品を創作した。

例 (90)，例 (91) のように物音に意識を集中することを表す場合は「耳を澄ま
して」「じっと」などと訳す。

(90) 她的歌声真的很纯净，适合<u>用心</u>听。
   →彼女の歌声は本当に純粋で，｛<u>耳を澄まして</u>／<u>じっと</u>｝聞くのに値する。
(91) 于是她心情激动地讲了读者早已知道的一切。那位夫人<u>用心</u>听她说完。
   →そこで彼女は心を揺さぶるように読者がすでに知っている一切を語っ
     た。その夫人は｛*<u>耳を澄まして</u>／<u>じっと</u>｝彼女が話し終わるまで聞いた。

19. トイレ
   例 (92) のように"用"の対象がトイレやバスルームの場合は，場所の場合と
同様に「で」または「使って」を使い，「によって」や「用いて」は使わない。
ただし，普通は「で」を使い，特にそのトイレやバスルームを用立てる意味の
場合のみ「使って」を使う。

(92) 每次杨家要<u>用卫生间</u>洗澡时，总要先问问老人要不要使用。

58

→毎回楊家ではバスルーム｛で／*によって／*を使って／*を用いて｝体
を洗う時，いつもまず老人に使うかどうか聞く。

五　相手の所有物を借りる場合

次に相手の所有物を借りる場合について見る。例 (93)，例 (94) のように聞き
手のトイレを使わせてもらう場合は，「借りる」または「貸してもらう」を使う
のが適当である。「使う」も使えるが，ぞんざいな感じがするため，「借りる」や「貸
してもらう」を使った方が丁寧で大人びた言い方になる（以下同様）。

(93) "我要用一下你的洗澡间，我的己坏了！"
　　→「お宅のトイレを｛使い／*用い／借り／貸していただき｝たいのですが，
　　　うちのは壊れてしまったんです！」
(94) 马伯伯，麻烦你帮我叫一辆出租车，还有化妆室借我用一下。
　　→馬おじさん，すみませがタクシーを一台呼んでくれませんか，それか
　　　らトイレを｛使わせて／*用いさせて／*借りさせ／貸して｝下さい。

同様に，例 (95)，例 (96) のように相手の電話を使わせてもらう場合も，「借り
る」または「貸してもらう」を使ったほうが丁寧な言い方になる。一方，自分
の電話を相手に使ってもらう場合は，例 (97) のように「使う」を使い，「用いる」
や「借りる」は使わない。

(95) "我可以用你的电话吗?"（電話）
　　→「お宅の電話を｛使って／*用いて／借りて／貸していただいて｝もい
　　　いでしょうか？」
(96) "我可以用一下你的电话吗?"（電話）
　　→「お宅の電話を｛*お使い／*お用い／お借り｝してもいいでしょうか？」
(97) 愿意的话你可以用卧室的电话。（電話）
　　→宜しければ寝室の電話を｛使って／*用いて／*借りて｝ください。
　　→宜しければ寝室の電話を｛お使い／*お用い／*お借り｝ください。

その他，例 (98)，例 (99) のように一般に相手の所有物を使わせてもらう場合は，

「使う」も使えるが,「借りる」または「貸してもらう」を使ったほうが丁寧な言い方になる。

(98) 我能用一下你的手绢吗？
    →あなたのハンカチを｛使って / *用いて / 借りて / 貸してもらって｝もいい？
(99) "厨房借我用一下，我弄杯东西给你喝。"
    →「台所を｛使わせて / *用いさせて / *借りさせて / 貸して｝下さい。何か飲み物を作って飲ませてあげます。」

六　"用餐"，"用茶"などの場合

最後に例 (100) ～ (103) の"用餐"，"用茶"などの場合について見る。この場合は「使う」も「用いる」も使えず，動作主の人称，敬意の度合い，対象の違いによって，「いただく」「召し上がる」「食事をする」「飲む」などと訳す。

(100) "我想用茶点了，"老太太没好气地说。
    →「私はお茶をいただきたい，」
(101) "现在大家请用饭吧！"
    →「さあ，皆様お召し上がりください！」
(102) 他们在厨房靠近炉火的地方用餐。
    →彼らは台所で火の近くで食事をする。
(103) 诸事纷繁的中年人喜欢在"开夜车"时用烟、浓茶、浓咖啡提神；
    →諸事複雑な中年の人は「徹夜」をする時にタバコ，濃い茶，濃いコーヒーを飲んで眠気を覚ますのを好む。

七　まとめ

本稿では"用"の日本語訳について論じた。これにより以下の仮説が導かれる。

仮説 (1)　"用"が本動詞の場合は「使う」または「用いる」と訳すことが多い。このうち「用いる」は特にその対象を用立てる場合に使う。

60

仮説 (2) "用" が介詞の場合は「で」「によって」または「使う」「用いる」と訳すことが多い。

仮説 (3) 相手の所有物を使わせてもらう場合は，「使う」も使えるが，「借りる」または「貸してもらう」を使ったほうが丁寧な言い方になる。

仮説 (4) "用餐"，"用茶" などは「使う」も「用いる」も使えず，「いただく」「召し上がる」「食事をする」「飲む」などと訳す。

　しかし，"用" は対象によって様々な日本語訳になり，簡単な規則で表すことは難しい。"用" の対象ごとの日本語訳を次の表にまとめておく。

表　"用"の対象ごとの日本語訳

（○は使用制限の小さいもの，△は使用制限の大きいもの，＊は使用しにくいもの）

対象 ＼ 日本語訳	使う 動詞	使う 介詞	用いる 動詞	用いる 介詞	で	によって	その他の訳
1. 道具	○	△	△	△	○	＊	
2. 材料	○	△	○	△	○	＊	
3. 手段・方法	△	△	○	○	△	○	講じる / (やり方) でやる
4. 表現手段	○	○	○	△	○	△	
5. 言葉	○	△	○	△	○	△	
6. 力	△	△	△	△	△	△	振り絞る / 込める / 入れる力強く握る / 握り締める / 発揮する / 尽くす / 力いっぱい
7. 権力・武力	○	○	○	○	○	○	行使する
8. 薬	△	○	△	△	○	○	投与する / 投薬する / 服用する / 投薬によって
9 人間	△	△	△	△	△	△	登用する / 起用する
10. 金銭	△	△	＊	＊	△	△	かける / かかる
11. 時間	△	△	＊	＊	△	＊	かける / かかる
12. 場所	○	○	＊	＊	○	＊	
13. 頭	○	○	＊	＊	○	＊	
14. 魔法	○	○	＊	＊			
15. 手術	＊	△	＊	△	○	○	する / 受ける
16. 行動・態度	＊	＊	＊	＊	○	○	取る / に出る
17. 努力	＊	＊	＊	＊	○	○	する
18. 心	＊	＊	＊	＊	△	＊	心を配る / 気を配る / 気を遣う / 気を付ける / 注意する / 心を込めて / 一生懸命に / 一心に / 耳を澄まして / 集中して / じっと
19. トイレ	△	○	＊	＊	○	＊	に行く / に入る
相手の所有物	△	−	＊	−	−	−	借りる / 貸してもらう
"用餐" など	＊	−	＊	−	−	−	いただく / 召し上がる / 食事をする / 飲む

参考文献：

商務印書館・小学館（編）（2003）『中日辞典』（第 2 版）小学館
小学館辞典編集部（1994）『使い方の分かる類語例解辞典』小学館

3　中国語の語彙の日本語訳

上位概念"鞋"と
下位概念語"X鞋"の日本語訳について

太田　匡亮

一　はじめに

　中国語の"鞋"は日本語で「靴」と訳されることが少なくない[1]。しかし，"鞋"と「靴」ではその指し示す範囲にずれがあり，"鞋"＝「靴」という感覚でコミュニケーションを取っていると，問題にぶつかることがある。

　まずここで，筆者が実際に耳にした，日本語母語話者（以下，J）と日本語上級レベルの中国語母語話者（以下，C）の会話を見られたい。

(1)　J：靴何足持ってる？

　　　C：えーと，今履いてる靴と，サンダル1つと，スリッパ1つと……

　　　J：え，サンダルとスリッパまで数える！？

　Jが驚く様子からも分かる通り，日本語では「サンダル」や「スリッパ」を「靴」に含めるのには違和感がある[2]。一方，中国語では"鞋"に"涼鞋"や"拖鞋"を含めるのはいたって普通のことである。このことを踏まえて会話を見直すと，Cの発言には母語である中国語の痕跡がはっきり見て取れる。Cの頭の中では，中国語と日本語の間で，"鞋"＝「靴」，"涼鞋"＝「サンダル」，"拖鞋"＝「スリッパ」のような一対一の置き換えをしており，このことが問題につながったのだと考えられる。本当にこのような置き換えでよいのかどうか，再検討を要する。

　各種の辞書を参考にすると，現代中国語において，"鞋"の最も基本的な意味は「くるぶし以下の履物」と考えてよいと思われるが（2.1の表1参照），このとき"鞋"は相対的に見て抽象度の高い大きなカテゴリーであり，これを本稿

---

[1]　本稿では，日本語は「」で，中国語は""でくくることとする。
[2]　「サンダル」の中でも，女性向けでファッション性の強いサンダルは，多くの日本語母語話者が「靴」に含めてよいとの判定をする。しかし男性向けの簡素なつくりのものは「靴」には含められない。(1)の会話でCは男性のため，Cの言う「サンダル」は「靴」に含められないものと理解される。

では「上位概念」と呼ぶことにする。一方で"运动鞋、高跟鞋、凉鞋、拖鞋"のように修飾成分"X"＋"鞋"の形をとるものは，"鞋"というカテゴリーに含まれる，相対的に見て具体性の強い語で，これらは「下位概念語」と呼ぶことにする。

　本稿ではこのような「くるぶし以下の履物」を表す上位概念"鞋"と，その下位概念語"X鞋"，中でも特に，(1)のミスコミュニケーションの事例と関わりの深い"凉鞋""拖鞋"に焦点を当て，これらをどう日本語訳するかを検討していくこととする。

二　上位概念"鞋"をどう訳すか

2.1.　辞書・先行研究の記述と考察のポイント

　本節では，まず表1として，各種中日辞書に挙がっている"鞋"の記述を見ておきたい。

表 1　辞書に見える【鞋】の記述

辞書	【鞋】の記述
①三省堂『超級クラウン中日辞典』	くるぶし以下の短いくつ.
②白水社『白水社中国語辞典』	靴，シューズ.（履き口がくるぶしよりも下の方にある靴の総称で，サンダル・スリッパなども'鞋'と言う.）
③小学館『中日辞典』第3版	短靴. 靴.
④愛知大学『中日大辞典』第3版	靴：短靴，その他の履物.

なお，表中①は中国の電子辞書にも収録されている辞書で，②と③はそれぞれ，中国からもアクセス可能なオンライン辞書サイト「Weblio[3]」と「コトバンク[4]」で無料検索が可能な辞書である。④は参考として挙げたものである。

　各種中日辞書の記述を比べてみると，一つには「くるぶし以下の短いくつ」という意味説明の形があり，もう一つには「靴」「シューズ」のような対訳語を挙げる形がある。「短靴」は一見訳語のようであるが，これはもはや日常語とは呼びにくく，「くるぶし以下の短いくつ」と同類の意味説明と見た方がよさそう

---

3)　https://cjjc.weblio.jp/cat/cgkgj（最終閲覧：2022年9月15日）
4)　https://kotobank.jp/（最終閲覧：2022年9月15日）

である。「靴」という訳語だけでは、「長靴」も含むと誤解される可能性が否定できない。そのため「短靴」と明記したのであろう。

"鞋" とはどのような上位概念かをとらえるには、②の記述が最も親切だと考えられる。まず、「履き口がくるぶしよりも下」との記述で中国語の "靴子" との区別を示し、日本語の「長靴・ブーツ」の類を排除した上で、さらに「サンダル・スリッパなども '鞋' と言う」との記述で、日本語の「靴」「シューズ」からは漏れてしまいやすいものを明確に含めた書き方をしている。

荒川（2009:33）も指摘することだが、中国語では「ブーツ状のものが "靴子" で、あとはすべて "鞋" の仲間」となる一方、日本語では「サンダル、ミュール、スリッパ、わらじと一般の靴の間で線を引きたい」傾向があり、したがって日本語で「靴」と言った場合、「サンダル」「スリッパ」は含まれないということになる。これに加えて、荒川（2013:65-66）の内容も参考にしつつここまでの内容を図にまとめると、次のようになる。

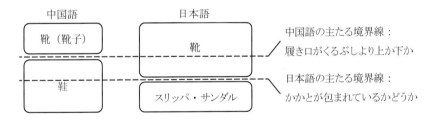

図 1　日中間の概念関係

一方で、各種の日本語教科書を見ると、上記の内容はまだほとんど反映されていないようである。例えば『新版中日交流标准日本语 初級 上』(p.39) では「靴」と "鞋" が、『新編日语（2 重排本）』(p.2) では「靴」と "鞋子" が並んでいるだけで、上に見た中日辞書・先行研究のような解説もなければ、"鞋" に対する「靴」以外の訳語の提示もない。このため学習者は、"鞋" ＝「靴」という一対一対応の関係を頭に浮かべてしまう結果となっている。初級教科書は新出語彙数を厳しくコントロールする必要があり、授業時間数も限りがあるため、あまり多くの語彙と知識を詰め込むことはできない。しかし、現状では中級・上級に至っても、語彙と知識の補足や更新が行われないままになっているようであり、それもまた問題である。"鞋" ＝「靴」と思い続けていると、日本語で靴を何足持つ

ているか聞かれて，サンダルやスリッパまで数えてしまうという，本稿冒頭 (1)
のようなミスコミュニケーションが起こる。初級では難しいとしても，中級か
上級のいずれかの段階で，辞書に書いてあるような解説の内容といくつかの基
本的な訳語は，頭に入れておきたいものである。

　本稿では中文日訳に焦点を絞って考察するが，中文日訳を行う場合，中でも
中国語を母語とする日本語学習者がこれを行う場合には，辞書的な語彙知識に
加えてさらに「中文日訳に必要な知識」を追記しなければならない。これが本
節での考察のポイントである。"鞋"を訳す際に必要な知識は，大きく次のよう
なものが挙げられるだろう。

　　①どのようなときに「靴」と訳すのか
　　②どのようなときに「シューズ」と訳すのか
　　③どのようなときに「スリッパ」と訳すのか
　　④どのようなときに「サンダル」と訳すのか
　　⑤上に挙げた訳語が使えないのはどのような場合で，その場合はどのよう
　　　に訳すのか

これを踏まえて本節では以下，上記 5 つの問題を順に取り上げていくこととする。

2.2.　訳語の検討

　ここでは，主に北京大学現代中国語コーパス（以下「CCL」），北京語言大学
中国語コーパス（以下「BCC」），中国伝媒大学メディア言語コーパス（以下
「MLC」）の 3 つのコーパスから用例を収集し，その日本語訳を検討していく[5]。
なお，これは第 3 節でも同様である。

2.2.1.　「靴」と訳す例

　2.1 の考察のポイント①と関わって，ここでは「靴」と訳す例を取り上げる。
(2)　重庆的路没有平的，全是上下坡，一定要穿一双走路舒服的鞋(BCC)
　　　（重慶は坂道ばかりなので，歩きやすい靴が欠かせない）
　「靴」は 2.1 でも見たように，初級日本語教科書にも載っている基本語彙の一
つであり，中文日訳においても，言うまでもなく最も幅広く使える訳語である。
用例 (2) では，"鞋"の具体的形状の特定につながるヒントはないものの，最も

---

5)　本稿の訳文は，"鞋"の訳語部分を除き，学習者の日本語語彙力・表現力を考慮した訳
出にはなっていない。また，言語学の論文に見られるような，原文の使用語彙と文法構造を
忠実に再現した訳文にもしていない。

68

基本的な訳語を用いて「靴」としておけば，"走路舒服的" という修飾語とも矛盾せず，適切と考えられる。

(3)　是时候考虑保护一下小脚了，不能买有跟的鞋了。(BCC)

　　（そろそろ足の健康のことも考えて，ヒールのある靴は買わないようにしないといけない。）

　この用例では，"有跟的" という修飾語から "鞋" の形状が特定できる。このようなヒールのある "鞋" も，「靴」と訳せばよい。

(4)　我们知道曹操后来地位很高了以后，汉献帝给了曹操一个特殊待遇，叫做带剑鞋履上殿，叫 "剑履上殿"，剑就是带剑，你可以佩着剑去见皇帝，履就是穿鞋，这说明一般的人是不能穿鞋见皇帝的。(CCL)

　　（のちに曹操の地位が上がると，献帝は特別待遇をするようになり，曹操は剣を持ち靴を履いたままでの拝謁が認められたことが知られている。「剣履上殿」である。「剣履上殿」の「剣」とは「剣を携える」ことであり，剣を持ったまま皇帝に拝謁してよいということである。そして「履」とは「靴を履いている」ということであり，これはつまり，普通の人は靴を履いたまま皇帝に拝謁してはならない，ということでもある。）

　この用例では，"穿鞋" が「靴を履く」という具体的動作ではなく，"见皇帝" という動作をする際の様態，つまり「靴を履いた状態で」という意味を表している。しかしこのような場合でも，"鞋" は「靴」と訳せばよい。これとよく似た形式で，「靴」以外の訳出方法を用いた方がよい例もあるが，それについては 2.2.5 で扱うこととする。

(5)　我就问她："山里人为什么要住在山里？"

　　你妈怎么说？

　　妈说："山里人住在山里，就像脚放在鞋里面，舒服。"（《那山、那人、那狗》）

　　（母さんに「山の中の人は，なんでそんなところに住んでるの」って聞いたんだ。そしたらどうって？

　　「山の中にいると，家で靴を脱いでいるときみたいに落ち着けるからよ」って。[6]）

　この用例は，"鞋" を「靴」と訳す点には何ら変わりはないが，それだけで満

___
[6]　なお，日本語版『山の郵便配達』の字幕は次のようになっている。

　　山の人はなぜ山に住むのと尋ねた

　　そしたら？

　　こう言った　"山の人が山に住む　それが一番合ってるからよ" と

足していてはならないものである。中国語の中で“鞋”が持つ文化的意味を考慮すると，文中の他の部分の訳出方法を大きく変更する必要がある。

　用例 (5) の場合，中国語の感覚では“脚放在鞋里面”（足を靴の中に入れている＝靴を履いている）が“舒服”につながる。しかし日本語母語話者はこの感覚を共有しておらず，日本語の感覚では「靴を脱ぐ」ことが“舒服”へとつながるため，「家で靴を脱いでいるときみたいに」のような，原文と大幅に異なる訳し方をしなければ意味が通らない。これは，“鞋”が持つ文化的意味にまで目配りをした上で，日本語の感覚に合わせて文中の他の部分を書き換えた例である[7]。

(6) 　图书馆要派人员进行图书馆内人员行为的监察，禁止出现一些不良行为，比如睡觉打鼾、脱鞋等。（开放式图书馆中存在的读者问题及对策[8]）

　　　（図書館は，職員を充てて館内利用者の様子を巡回確認し，いびきをかく，靴を脱ぐなどの，マナーに反する行動が行われないようしなければならない。）

　この用例でも，“鞋”が持つ文化的意味を考慮した上で，文中の他の部分の訳出方法を工夫する必要がある。中国では公共の場で靴を脱ぐことに対して，マナー違反ととらえる意識が強いようである。しかし日本では，靴を脱ぐこと自体にはそれほど忌避感がなく，図書館で靴を脱ぐことも“不良的行为”だと理解されない可能性がある。

　そのため用例 (6) では，“不良的行为”の部分を「よくない行動」「問題行動」などの抽象的表現ではなく，より具体的な「マナーに反する行動」という訳し方にしている。このようにして，原文から離れない範囲で，「靴を脱ぐ」ことが「マナー違反」になるという事実を前面に押し出し，文化面の日中差を吸収できるようにしている。これは，“鞋”が持つ文化的意味を考慮した上で，中国語の感覚が日本語を母語とする読み手にも間違いなく理解されるよう，文中の他の部分に手を加えた例である。

2.2.2. 「シューズ」と訳す例

　2.1 の考察のポイント②と関わって，ここでは「シューズ」と訳す例を取り上げる。

(7) 　贝利生长在巴西小镇陋巷的穷人家庭，7 岁上街擦皮鞋谋生。他的足球生涯是光着脚丫儿开始的，很多年不知道“穿着鞋踢球是什么滋味”（CCL）

---

7) 「靴」や「裸足」が持つ文化的意味の日中差は，相原（2007）に詳しい。
8) 　安晓涛（2015）「开放式图书馆中存在的读者问题及对策」『科技资讯』第 11 号，p.211.

（ペレはブラジルの小さな町にある貧しい家庭で育ち，7 歳のときから街中で靴磨きをして生活の足しにしていた。彼のサッカー人生は裸足でボールを蹴るところから始まった。そのため何年もの間，「サッカー シューズ でボールを蹴る感覚」を知らなかったという）

「シューズ」はスポーツ関係で用いられやすい傾向がある [9]。用例 (7) ではサッカー用の “鞋” が話題になっており，「シューズ」を用いるのがよいと考えられる。

(8)　刘翔的又一次夺冠让我们看到了另一个值得关注的问题，运动员的伤病。《新华社》说，如果您观察仔细，一定还能看出翔飞人参加比赛时穿的一双鞋颜色不一，一只黑色一只白色。之所以如此还是为了保证飞人的右脚能够更加舒适。（MLC）

（劉翔選手が再び一位に輝いたことでもう一つ注目を集めているのが，選手のけがの問題です。新華社の報道によれば，劉翔選手の本番用 シューズ はよく見ると左右で色が違っていて，片方が黒，もう片方が白になっていますが，これはけがをした右足にできるだけ負担がかからないようするため，左右で違う靴を履いているからとのことです。[10]）

この用例は 2009 年の中華人民共和国全国運動会 110 メートルハードルの報道である。劉翔選手はハードル競走用の “鞋” を履いており，これも「シューズ」と訳すのがよいと考えられる。

ここで一つ特記しておきたいのは，「スパイク」という呼称についてである。野球用の “鞋” は「スパイク」と呼ぶ方が自然になる傾向があるが，「スパイク」自体はシューズそのものを指すこともあれば，靴底の突起物のみを指すこともあるため，使用には注意が必要である。上の用例 (8) においても，実際に使用されたのは陸上用スパイクシューズであるが，訳文に「スパイクはよく見ると

---

9)　『国際中文教育中文水平等級标准』語彙表の日本語版を見ると，“鞋”“皮鞋” の日本語訳はそれぞれ「靴（くるぶし以下の短いもの）」「革靴」，一方 “球鞋” は「球技用シューズ」となっており，示唆的である。とはいえ，これはあくまで傾向である。スポーツでも，スケート用の “鞋” などは「靴」と呼ばれることが少なくない。一方でスポーツ以外でも，ネットショッピングサイトなどでは「シューズ」が用いられやすい傾向がある。

10)　ここでは下記ページのニュース記事アーカイブも参考に，加訳を行っている。原文に書かれていることを訳出しただけでは，「シューズの色が左右で異なる」ことと「右足の快適さを保つ」こととのつながりが理解されない可能性が高いからである。

捜狐体育 “110 米栏 13 秒 75 晋级决赛 刘翔：这就是堂训练课” https://sports.sohu.com/20091025/n267711329.shtml（最終閲覧：2022 年 9 月 15 日）

現実には，このような加訳については事前に著作者の許可を得てから行うか，申し送り事項として翻訳会社担当者への報告を行わなければならない。また，もし論文のような学術文書の翻訳であれば，本文中での加訳自体を避け，訳者注を添える形にするのが望ましいと考えられる。

左右で色が違っていて」と書いた場合，シューズ全体の色が異なるのか，突起物の部分だけ色が異なるのかがあいまいになってしまう。そのため，ここでは「シューズ」を用いることが必須になる[11]。

2.2.3. 「スリッパ」と訳す例

　2.1の考察のポイント③と関わって，ここでは「スリッパ」と訳す例を取り上げる。

(9)　我知道，只要我睡在沙发上，过不了多大一会儿，丈夫就会来劝我到床上睡去，还得给我说好话，别看他表面上是在看电视，可他心里还在想着我。果然，不一会儿，我闭着眼在沙发上就听见他下床穿 鞋 走了过来，用柔和的声音在我耳边说："哎哟！还在生气哪！到床上睡去！"（BCC）

（私には分かっていた。私がソファで寝ていたら，そう時間がたたないうちに夫がベッドで寝るよう声をかけてくれて，私の機嫌がよくなるようなことを言ってくれるし，テレビに集中しているように見えても，実は私のことをずっと思ってくれていることを。案の定，私がソファで目をつむっていたら，ほどなくして夫はベッドの方から スリッパ を履いて寄ってきて，やさしい声で私の耳にささやいた。「もう，まだ怒ってるの？　ベッドに来て寝なよ。」）

　かかとが包まれていないもので，もっぱら屋内用と考えられる"鞋"は，「スリッパ」と訳せばよい。広辞苑でも，「スリッパ」は「足を滑りこませてはく室内ばき。」と説明されている。用例 (9) では，部屋にソファを置く洋風のしつらえをした家の中での出来事と読み取れる。このような家の場合，中国でも靴を履き替えることが多く，ベッドからソファまでの間に履くものは「スリッパ」と訳しておくのが適切であると考えられる。

2.2.4. 「サンダル」と訳す例

　2.1の考察のポイント④と関わって，ここでは「サンダル」と訳す例を取り上げる。

(10)　一天晚上，月亮躲到山后去了，夜静得出奇。"咚咚咚……"一阵急促的砸门声，张晓玲拖着 鞋 跑出去开门。（CCL）

（ある日，月も山に隠れ，いつになく静まり返った夜のことであった。ドンドンドン……と慌ただしく家の門をたたく音が聞こえた。張暁玲はサンダルを履き，飛び出していって門を開けた。）

---

11)　シューズの色は，下記動画で確認できる。
YouTube「2009.10.25 刘翔全运会决赛全程」https://www.youtube.com/watch?v=JGtuN4IktOE（最終閲覧：2022 年 9 月 15 日）

かかとが包まれていないもので，屋外にも履いて出られるような “鞋” は，「サンダル」と訳した方がよい[12]。用例 (10) では，“拖着鞋” という記述から，かかとが包まれていない “鞋” であると考える。続いて “跑出去开门” という記述から，屋外に出て家の前の門を開けたと解釈し，「サンダル」という訳語を選択する。

言い換えれば，ここでは “门” をどのように解釈するかで，“鞋” の訳語も変化することになる。入口の「戸」を開けるだけであれば「スリッパ」を履いていけるが，屋外まで出て「門」を開けるには「サンダル」を履いていくのが普通だからである。

今回は “跑出去” とあるので，家の外に出て門を開けたと判断したが，複数の中国語母語話者によると，原文がもし “跑(过)去” であったなら「戸」を開ける解釈になるという。この場合は “鞋” の訳語も「スリッパ」に変わってくることになる。

2.2.5. その他の例

2.1 の考察のポイント⑤と関わって，ここではその他の訳し方を要するやや特殊な例を取り上げる。ここで扱うのは，厳密には “鞋” という語のレベルの問題ではなく，“鞋” という語を含むフレーズレベルの問題であるが，“鞋” の中文日訳においては避けて通れない問題のため，特殊な例として本稿で取り上げる。

(11) 工作人员特意嘱咐我，坐这辆老爷车一定要小心再小心，而且不能穿鞋上来，因为它太珍贵了是世界上目前唯一的一辆 1923 年出厂，到现在已经快 100 岁的高龄了，而且它现在还能正常行驶，这可是意大利制造最好的广告。（MLC）

　（スタッフの方によると，このビンテージカーに乗るときは特に注意が必要で，しかも土足で乗り込んではならないとのことです。大変貴重な車だからです。この車は，現存するものとしては世界で唯一の 1923 年製で，製造からすでに 100 年近くたっているにもかかわらず現在も走行可能なことから，イタリア車の最高のブランド広告にもなっているそうです。）

(12) 我的一位寡姊，除一贴身婢女外，不许任何人进她的卧房。即此婢女，亦须确有必要之事，始许脱去鞋子进去，立刻就须出来（中略）一次她生病，叫我去给她看看；但我不肯脱鞋，结果竟蒙特许。此是除那婢女外，第一

---

12) 仮に全く同じ形状であったとしても，屋内でのみ履いているなら「スリッパ」と呼び，屋外でも履いているなら「サンダル」と呼ぶ可能性がある。言い換えれば，形状面から見ると「サンダル」と「スリッパ」の間にはあいまいさや重なりもあることを認めなければならない。

个人进她的房，而且是空前绝后的一次有人穿着<u>鞋</u>进她的房。(CCL)

（私の叔母は使用人の女性一人を除いて，ほかの誰も寝室に入れることはなかった。使用人でさえ，真に必要のあるときにだけ靴を脱いでから入ることができ，そしてすぐに出てこなければならなかった。（中略）あるとき叔母が病気になり，私が様子を見にいくことになった。しかし私が靴を脱ぐのを拒んだところ，驚くことに特別にそのまま足を踏み入れることを許されたのであった。使用人以外が叔母の部屋に入るのは初めてであったし，それだけではなく<u>土足で</u>入ったというのも，後にも先にもないことであった。）

　用例 (11)-(12) では，"穿鞋上来""穿着鞋进（她的房）"のように，"穿鞋 V""穿着鞋 V"の形で，"穿鞋"が「履物を履く動作」ではなく「履物を履いた状態」を表し，直後の V は移動動詞，そして移動先が履物を脱ぐべき場所という形を取っている。この場合は，フレーズ"穿鞋 V""穿着鞋 V"を一つのかたまりとして，「土足で V」と訳出する必要がある[13]。

　「土足」を広辞苑で調べると「履物をはいたままの足。」とあるが，「土」という字からも分かるように，特に「外用の履物を履いたままの足」と理解してよい。外用の履物で建物の中に入ることが，土足で行う動作のうち最も典型的なものであり，ここから「土足で」と移動動詞の結びつきの強さが説明できる。

(13)　禁止穿<u>鞋</u>入内（昵图网[14]）

　　　（<u>土足</u>禁止）

　上に挙げた「土足で V」という訳出方法は，公共施設の案内表示などにも，やや形を変えて応用可能である。用例 (13) でも，"穿鞋"の直後の V は移動動詞"入"，そして移動先"内"は履物を脱ぐべき場所となっている。このフレーズ"穿鞋入内"を一つのかたまりとして「土足」と訳出すれば，「土足禁止」という表現につなげることが可能になる。

三　下位概念語 "X 鞋" をどう訳すか

　"鞋"は中国語の中で，高い生産性を有している。言い換えると，"鞋"は様々

---

13)　これとよく似た形式に，用例 (4) の"穿鞋见皇帝"が挙げられるが，この例では"穿鞋"の直後の"见"が移動動詞ではない。このような場合，「土足で皇帝に拝謁してはならない」という訳出をすると，不自然な日本語となってしまう。

14)　https://www.nipic.com/show/23359388.html（最終閲覧：2022 年 9 月 15 日）

な下位概念語 "X 鞋" を形作っている。例えば『現代汉语词典』第 7 版には, "X 鞋" の形の語が 16 語収録されている。

　日本語学習者にとって理想的な中文日訳研究には, 张麟声 (2016) の指摘するように "从母语最常用、最突出的形式做起, 一个一个地精确描写它们日译时的可能性"(「母語でたいへんよく使われ, たいへん目立つ形式から着手し, その日本語に翻訳する場合の可能なバリエーションを 1 つ 1 つ丁寧に記述」[15]する) という作業が必要となるが, 『現代汉语词典』第 7 版が収める 16 語を, 『現代汉语常用词表』第 2 版に基づき出現頻度の順位が高いものから順に並べると, 次の表 2 のようになる。なお, 各語の日本語訳はここではあえて示さない。

表 2　下位概念語 "X 鞋" 出現頻度順位

語項目	頻度順位	『現代汉语词典』第 7 版の記述
拖鞋	14992	后半截儿没有鞋帮的鞋。
草鞋	17045	用稻草等编制的鞋。
凉鞋	25698	夏天穿的鞋帮上有空隙, 可以通风透气的鞋。
胶鞋	27838	用橡胶制成的鞋, 有时也指橡胶底布面的鞋。
球鞋	31398	进行球类运动时穿的鞋, 也泛指帆布帮儿, 橡胶底的鞋。
旅游鞋	32465	适宜旅行走路穿的鞋, 鞋底厚而软, 呈坡形, 衬有海绵等松软材料。
绣鞋	36419	妇女穿的绣着花的鞋。
钉鞋	42299	旧式雨靴, 用布做帮, 用桐油油过, 鞋底钉上大帽子钉。 体育运动上跑鞋和跳鞋的统称。
雨鞋	43755	下雨天穿的不透水的鞋。
套鞋	45795	原指套在鞋外面的防雨的鞋, 后来泛指防雨的胶鞋。
冰鞋	45894	滑冰时穿的鞋, 用皮革等材料制成。鞋底上装着冰刀。
跑鞋	47546	赛跑时穿的鞋, 用皮革等材料制成。鞋底窄而薄, 前掌装有钉子。是钉鞋的一种。
便鞋	50099	轻便的鞋, 一般指布鞋。
懒汉鞋	——[16]	鞋口有松紧带, 便于穿、脱的布鞋。
靸鞋	——	一种布鞋, 鞋帮纳得很密, 前部覆盖脚背的部分较深, 上面缝着皮梁或三角形皮子。
跳鞋	——	跳高、跳远时穿的鞋, 和跑鞋相似。是钉鞋的一种。

---

15)　カギカッコ内は張麟声 (2019)「まえがき」からの引用。
16)　収録なしを表す。以下同様。

出現頻度順位が上位の語，つまり出現頻度の高い語を見ると，"涼鞋""草鞋""拖鞋"などが挙げられる。ここで，本稿冒頭 (1) のミスコミュニケーション事例を思い出したい。

(14)　J：靴何足持ってる？

　　　C：えーと，今履いてる靴と，サンダル1つと，スリッパ1つと……

　　　J：え，サンダルとスリッパまで数える！？　((1) 再掲)

これを踏まえて本節では，下位概念語 "X 鞋" のうち，上の事例とも関わりの深い "涼鞋""拖鞋" に焦点を当て，その訳し方を考えていくこととする。

3.1. "涼鞋" をどう訳すか

　"涼鞋" は単純で，基本的に「サンダル」と訳しておけばよい。各種中日辞書でも「サンダル」という訳語が挙がっており，また，筆者が中国語コーパス上で確認した用例も，全て「サンダル」と訳して問題ないものであった。下に1例だけ挙げておく。

(15)　比如去泰国，你去之前一定要弄清楚这样一些习俗，比如（中略）即便是女士见到僧侣一定要避让，游览大皇宫女士不能穿短裙和 涼鞋 。(MLC)

　　　（例えばタイに行くとしたら，必ず現地の習慣を知っておかなくてはいけません。例えば（中略）女性が僧侶の姿を見かけたとしても体が触れないよう必ずよけるとか，王宮に行くとき女性はミニスカートや サンダル を履いていってはいけないとかです。）

　"涼鞋" の訳語が単純な理由は，相原（2007）の記述からうかがい知ることができる。

　　　実はサンダルも基本的には "拖鞋" というのです。"涼鞋" liángxié というと，「夏の涼しい靴」というように，特殊化されます（pp.143-144）

そこで，次に「サンダル」も「スリッパ」も指す "拖鞋" について見ていくことにする。

3.2. "拖鞋" をどう訳すか

　"拖鞋" は中日辞書でも，「スリッパ」と訳されていることが少なくない。しかし相原（2007）や荒川（2009）も指摘するように，実際には「スリッパ」の場合も「サンダル」の場合もある。そこで以下，2つの問題を考えることとしたい。

　　　①どのようなときに「スリッパ」と訳すのか

②どのようなときに「サンダル」と訳すのか

3.2.1.「スリッパ」と訳す例

(16)　有一个青年新婚不久，逢人就说结婚真好，因为每天下班回到家，妻子就忙着帮他拿拖鞋，小狗也亲热地围着他汪汪叫。三年后情况改变了，每天回到家，不是妻子帮他拿拖鞋，是小狗为他叼拖鞋；不是小狗围着他汪汪叫，而是妻子对他唠叨不停。(CCL)

（ある新婚の男性が，あちこちでしきりに「結婚して本当によかった」と口にしていた。なぜなら，毎日家に帰れば奥さんがサッとスリッパを出してくれて，ペットの犬もワンワンと鳴きながらなついて寄ってきてくれるからである。あれから3年。状況は変わった。毎日家に帰ると奥さんではなく犬がスリッパをくわえて持ってきて，犬がワンワンと鳴くのではなく，奥さんがブツブツと小言を言うのである。）

　基本的には"鞋"の場合と同じ基準を当てはめて，もっぱら屋内用と考えられる"拖鞋"は，「スリッパ」と訳すことになる。用例(16)では，"拖鞋"を履く場所が家の中であることから，「スリッパ」と訳せばよい。

(17)　一个穿着拖鞋的人向电梯走去，大厅警卫小黄微笑地迎了上去，问他有什么事并向他说明饭店公共区域不能穿拖鞋的规定。(CCL)

（スリッパを履いたお客さんがエレベーターの方に歩いていったので，ロビーの警備員黄さんは笑顔で近づいていき，用件をたずねるとともに，ホテル内の公共エリアにはスリッパを履いてきてはいけないという利用上のルールを説明した。）

　この用例は，"拖鞋"を履いてはいけない場所で履いているという場面である。しかし本来なら，この"拖鞋"はホテルの部屋の中だけで履くものであり，この点からしてやはり「スリッパ」と訳すことになる。

3.2.2.「サンダル」と訳す例

(18)　3月16日为全国传统服装日。（中略）今天上午前来访问的中国外经贸部长吴仪抵达突尼斯机场时，突尼斯贸易部长脚穿拖鞋、身着阿拉伯长袍迎上前去。(CCL)

（3月16日はチュニジアの全国伝統衣装の日となっている。（中略）今日午前，チュニス空港に到着した中国対外経済貿易合作部部長・呉儀氏を，

チュニジア商業省大臣は伝統衣装トーブに サンダル という姿で出迎えた。)

(19) 过去，人们穷，穿不起 拖鞋 ，整天赤脚走路，后来在木板上钉两条带子当 拖鞋 穿。
我小的时候，如果能穿上一双布底 拖鞋 ，就会高兴地跳起来！ （CCL）
（昔はみんな貧しく， サンダル なんか買うお金もなくて，裸足で外を歩いて
いました。それがあとになって，木の板に 2 本のヒモを打ち付けて サンダ
ル の代わりにするようになりました。私が小さい頃は，もし布張りの サン
ダル が履けたなら，それはもう跳び上がるほどうれしいことでした。）

　基本的には "鞋" の場合と同じ基準を当てはめて，屋外にも履いて出られる
ような "拖鞋" は，「サンダル」と訳すことになる。用例 (18) では，民族衣装
の一部として外でも着用できる "拖鞋" であることから，「サンダル」と訳せば
よい。用例 (19) は，文中に明確な場所が分かる語句はないものの， "过去，人
们穷，穿不起拖鞋，整天赤脚走路" という記述から外を歩くことを想定し，や
はり「サンダル」と訳すことになる。

(20) 多年担任班主任的杨光兴老师，拿出一份学生操行考核表解释说，表上写
着上课不穿 拖鞋 、不随地吐痰、不讲脏话、爱惜公物等条目。（CCL）
（長くクラス担任を受け持ってきた楊光興先生は，学生の生活評価表を示
しながら，授業に サンダル を履いてこないこと，地面に痰を吐かないこと，
汚い言葉を発しないこと，公共の物を大切にすることなどの項目につい
て説明した。）

　この例では，授業で何を履いてきてはいけないかが話題に上っているが，中
国の学校で授業に出るときは通常，寮や自宅から屋外空間を通って教室に向か
うので，屋外にも履いて出られるような "拖鞋" と判断できる。したがってこ
の例でも，「サンダル」と訳すことになる。

四　まとめ

4.1.　上位概念 "鞋" と下位概念語 "X 鞋" をどのような日本語に訳すか

　以上から，上位概念 "鞋" と，下位概念語 "X 鞋" の中で出現頻度の高い "凉
鞋" "拖鞋" の日本語訳について，それぞれ次のような仮説を提示できる。まず
"鞋" については，
(1)基本的には「靴」と訳す。
(2)スポーツ用の場合，多くは「シューズ」と訳す。

(3)かかとが包まれていないもので,屋内用と考えられる場合,「スリッパ」と訳す。

(4)かかとが包まれていないもので,屋外でも使用可と考えられる場合,「サンダル」と訳す。

(5) "穿鞋 V" "穿着鞋 V" の形で,"穿鞋" "穿着鞋" が「履物を履く動作」ではなく「履物を履いた状態」を表し,V が移動動詞,移動先が履物を脱ぐべき場所である場合,「土足で V」と訳す。

　続いて "涼鞋" "拖鞋" については,

(1) "涼鞋" は基本的に「サンダル」と訳す。

(2) "拖鞋" は "鞋" の場合と同様に,屋内用と考えられる場合は「スリッパ」,屋外でも使用可と考えられる場合は「サンダル」と訳す。

　以上 7 つの仮説は,"鞋" に関して 2.1 で挙げた 5 つの考察ポイントと,"X 鞋" に関して第 3 節で扱った "涼鞋" "拖鞋" をどう訳すかについて,一応の答えを示した形になる。これらの訳語にたどり着くためには,翻訳作業プロセスとして,①辞書から参考になる情報が得られないか確認,②既習語彙の中に使用可能なもの,より適切なものがないか確認,③そのほかに,日本語で習慣的に使われている表現がないか確認をする必要がある。今回の例では,①の段階で「靴」「シューズ」「サンダル」「スリッパ」の 4 語が出そろい,「土足で V」は③の段階において追加される候補と考えられる。

　最後に,各種資料を参考に "鞋" の訳語を考える際,特に留意したい点を下に述べる。

4.2.　訳語選択時の留意点

　"鞋" に対しては,「靴」「シューズ」「サンダル」「スリッパ」という 4 つの訳語を挙げてきたが,これらの訳語は単純な横並びの関係ではない。訳語はまず大まかに「靴・シューズ系」と「サンダル・スリッパ系」の 2 つに分けることができる。この線引きについては,2.1 の図 1 でも確認した通りである。そして次に,それぞれのグループが「靴」と「シューズ」,「サンダル」と「スリッパ」に分岐していく形となる。

　これを踏まえて考えると,訳語については次のような図を描くことができる。

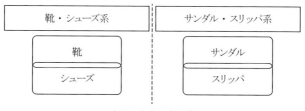

日本語の主たる境界線：
かかとが包まれているかどうか

図 2 "鞋"の訳語の構造

　上の図において，横方向に並ぶ「靴・シューズ系」と「サンダル・スリッパ系」は，その違いが大きく，基本的に置き換え不可であり，"鞋"を訳す際にもまず両者をはっきり区別することが求められる。このような関係を，「訳語の並立構造」と名付けたい。この区別が失われると，本稿冒頭 (1) のような，日本語で靴を何足持っているか聞かれて，サンダルやスリッパまで数えてしまうというミスコミュニケーションにもつながる。

　一方で，縦方向に並ぶ「靴」と「シューズ」や「サンダル」と「スリッパ」は，その線引きに少なからずあいまいさを有しており，図に示すように，一定の重なりがあることも認めなければならない。そのため実際に，両者を置き換えても問題ない文も存在する。このような関係を，「訳語の重層構造」と名付けたい。

　重層構造を有する訳語群は，中文日訳の研究でなくとも，純粋な日本語の類義語研究の範疇で扱われうる問題である。しかし並立構造の訳語群は，その違いの大きさゆえに日本語研究の分野では類義語とすら見なされない可能性もある。したがって，中文日訳の研究・教育・実践においては，訳語の並立構造に特に目を向ける必要があると考えられる。

　このことは，上位概念"鞋"の中文日訳に限ったことではない。太田 (2021) では，連用修飾フレーズ"耐心 (de)+VP"の"耐心"の日本語訳を検討し，「辛抱強く」「根気よく」「そのまま」「(今) しばらく」などの訳語候補を提示した。これは次のように図示できる。

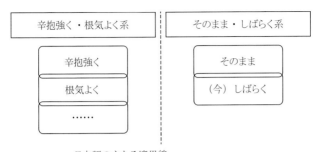

日本語の主たる境界線：
一定の丁寧さが求められる命令文かどうか

図 3 "耐心" の訳語の構造

　上の図において，訳語の並立構造を構成する「辛抱強く・根気よく系」と「そのまま・しばらく系」は基本的に置き換え不可であり，"耐心" を訳す際にも両者をはっきり区別し，特に一定の丁寧さが求められる命令文では「そのまま・しばらく系」の訳語を使用することが求められる。一方で，訳語の重層構造を構成する「辛抱強く」と「根気よく」や「そのまま」と「（今）しばらく」には重なる部分があり，置き換え可能な文も見られ，明確な線引きは困難である。現に「辛抱強く」と「根気よく」などは類義語辞典やシソーラスにも類義語として収録されている。したがって，中文日訳の研究・教育・実践においては，やはりまず訳語の並立構造を重点的に取り扱う必要があると考えられる。

参考文献

愛知大学中日大辞典編纂所（編）（2010）『中日大辞典』第 3 版　大修館書店.

相原茂（2007）『感謝と謝罪――はじめて聞く日中 "異文化" の話』講談社.

荒川清秀（2009）『中国語を歩く――辞書と街角の考現学』東方書店.

荒川清秀（2013）「日中字音語基の造語機能の対照」野村雅昭（編）『現代日本漢語の探究』東京堂出版.

伊地智善継（編）（2002）『白水社中国語辞典』白水社.

太田匡亮（2021）「中国語の連用修飾フレーズ "耐心 (de)+VP" の日本語訳について」張麟声（編）『中文日訳の基礎的研究（二）』日中言語文化出版社，pp.3-35.

教育部语言文字信息管理司（组编）（2021）『现代汉语常用词表』第 2 版　商务印书馆.

教育部中外语言交流合作中心（2021）『国际中文教育中文水平等级标准』北京语言大学出版社.

周平・陈小芬（编著）（2017）『新编日语（2重排本)』上海外语教育出版社.

人民教育出版社・光村图书出版株式会社（编）（2013）『新版中日交流标准日本语　初级　上』第2版　人民教育出版社.

新村出（編）（2018）『広辞苑』第7版　岩波書店.

中国社会科学院语言研究所词典编辑室（编）（2016）『现代汉语词典』第7版　商务印书馆.

张麟声（2016）『汉日对比研究与日语教学』高等教育出版社.

張麟声（編）（2019）『中文日訳の基礎的研究（一)』日中言語文化出版社.

古川裕監訳，古川典代訳（2022）『国際中国語教育 中国語レベル等級基準』アスク出版.

北京商務印書館・小学館（編）（2016）『中日辞典』第3版　小学館.

松岡榮志（編集主幹)，費錦昌・古川裕・樋口靖・白井啓介・代田智明（編著）（2008）『超級クラウン中日辞典』三省堂.

中国語の「活动」の日本語訳について

渡辺　誠治

一　はじめに

　中国語の「活动」と比べ，日本語の「活動」は使用可能な領域が限定されているため，「活动[1]」を日本語に翻訳する場合，状況に応じて翻訳の仕方を調整していく必要がある。本稿の目的は，その際の法則性の一端を示すことである。

二　概要

2.1　「活动」と「活動」の意味の重なりと異なり

　「活动」の意味について『中日辞典　第2版』では次のように説明されている。

1. 体を動かす，運動する；（物を）動かす
2. ある目的のために行動する
3. ぐらぐらする　不安定である
4. 融通性がある；動く　固定していない
5. 活動（する）[2]
6. 奔走する；運動する；賄賂を使う　働きかける

　一方，「活動」について『新明解国語辞典　第7版』の説明は次のとおりである（「活動写真」に関する記述は省略した）。

1. そのものの本来の働きとして，積極的な動きを見せる（行動をとる）こと。また，その動きや行動。
2. 目的（使命）に応じた積極的な行動や運動をすること。また，その行動や運動（によってあげた成果）。

---

1)　以降，中国語の場合を「活动」，日本語の場合を「活動」と示す。
2)　この5番では日本語の「活動」との置き換えが可能な用例が挙げられているが，意味的には同書の2番の項目に該当するため，本稿では5番を2番に含める。

83

さらに，王・小玉・許（2007）『日中同形異義語辞典』は，「活动」「活動」が「ある目的や使命のために行動すること。また，その行動」を表す点で同義としている。また，郭・矼部・谷内（2014）『日汉同形异议词词典』は，「ある目的のために行動をとること」および「生物や火山などが活発に動くこと」の2点で両者が同義であるとする。王・小玉・許（2007）と郭・矼部・谷内（2014）の記述には若干の違いがあるものの，「活动」と「活動」が共に「ある目的のための行動」を表す（『日中辞典』『新明解』のそれぞれ2番に相当）とする点では一致している。

　ところが，中国語の用例を日本語に翻訳してみると「非法进行倒卖车票的活动／不法に乗車券を転売する｛行為／??活動｝」のように，「ある目的のための行動」であるのに「活动」を「活動」に翻訳できないケースが多々ある。本稿では，上の辞書の記述を参照しながら，その不足部分を補い，「中文日訳」という実用的な観点に立って，「活动」を日本語に翻訳する際の詳細について検討していく。

2.2　考察の枠組み

　本稿の考察の枠組みを図に示したのが図1である。

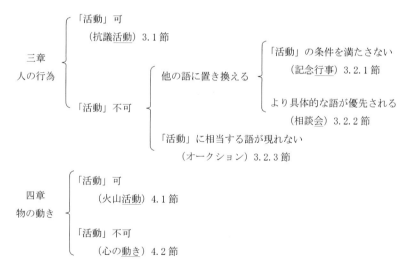

図　1　本稿の考察の枠組み

　本稿では，まず，「活动」の用例を「人の行為」と「物の動き」に分け，それぞれにおいて，「活动」を「活動」と訳出することが可能な場合とそうでない場合について記述する。

　「人の動き」の場合，「活动」を「活動」と訳すことができるのは，次の3つの条件を満たす場合である。この3つの条件は，「人の行為」を表す「活动」の使用条件となる。

①目的性：ある目的を達成するためにその行為を行う[3]。
②主体性：参加者がその行為に対して主体的，積極的に参加する[4]。
③具体性：漠然とした行為全般ではなく，組織された具体的な行為である[5]。

三　人の行為

3.1　「活动」を「活動」に翻訳できる場合

　当該の行為が，「目的性」「主体性」「具体性」という「活动」使用の条件をすべて満たしている場合，「活动」を「活動」に翻訳することが可能である[6]。

（1）a．抗议<u>活动</u>　　b．抗議<u>活動</u>
（2）a．学术<u>活动</u>　　b．学術<u>活動</u>
（3）a．课余<u>活动</u>　　b．課外<u>活動</u>
（4）a．募捐<u>活动</u>　　b．募金<u>活動</u>
（5）a．环保<u>活动</u>　　b．環境保護<u>活動</u>
（6）a．救火<u>活动</u>　　b．消火<u>活動</u>
（7）a．救灾<u>活动</u>　　b．救援<u>活動</u>
（8）a．从今天起，你们地方史组与我们组合，并一起<u>活动</u>。
　　　b．今日から郷土史グループは私達は合流して<u>活動</u>することになる。
（9）a．党必须在宪法和法律的范围内<u>活动</u>。
　　　b．党は憲法と法律の範囲の中で<u>活動</u>しなければならない。

---

3)　ここから「目的が明確ではない行為」が排除される。
4)　ここから「当該行為に対するプラスのイメージ」が派生する。また「参加者が不特定多数の場合」が排除される。
5)　ここから個別具体的ではない総体的な行為が排除される。
6)　以下，中国語の用例はすべて北京语言大学汉语语料库（BCC）による。また，それに対応する日本語訳は本稿の筆者によるものである。

（1）～（9）が表す行為はいずれも"行為者が当該行為に主体的に参画する，ある目的を持って行われる，具体的な行為"である。

　例えば，（3）の「課外活動」は，授業以外の時間に生徒がするすべての行動を含んでいるのではなく，部活・補講・ボランティアなど，教育的な目的で行われる，設計された，具体的な活動を指している。帰宅途中の道草や帰宅後の食事，家での学習など，生徒が授業以外の時間にする行動一般を指すものではない[7]。

　また，例えば，日本語の「記念行事」の場合，参加者は不特定多数の人々であり，その人々が主体的にその活動の遂行に参画しているとは言えない。このような場合，中国語で「纪念活动」が可能であるが，それに対応する日本語は一般に「記念活動」ではなく「記念行事」などとなる[8]。一方，（1）～（9）の「活动」を「活動」と訳すことができるのは，当該の行為が"行為者が当該行為に主体的に参画する，ある目的を持って行われる，具体的な行為"だからである。

3.2　「活动」を「活動」に翻訳できない場合
　「活动／活動」が人の行為を表す場合に，「活动」を「活動」と訳すことができないケースには，次の3つがある。

- ・2.2節に示した「活動」使用の条件①②③を満たさないケース（3.2.1節）
- ・具体的な活動形態を表す語が優先的に使用されるケース（3.2.2節）
- ・「活動」に対応する語が現れないケース（3.2.3節）

3.2.1　「活動」使用の条件を満たさないケース
　「活动」を「活動」と訳せる場合の3つの条件として「目的性」「主体性」「具体性」を2.2節に提示した。これらの条件を1つでも満たさない場合，「活动」を「活動」と訳すことは難しくなる。一方，中国語では一般にそのような場合も「活动」の使用が可能であるため，こうした「活动」を日本語に翻訳する場合，「活動」ではなく「活動」の類義表現である「行動」「行為」「生活」あるいは「イベント」「行事」などに訳すのが相応しい場合が多い。「活动」使用の条件を満たさないケースには，以下の2つのタイプがある。

7）　注5を参照。
8）　注4の「参加者が不特定多数の場合」に相当する。3.2.1-①節で詳説する。

3.2.1-①　３つの条件のいずれかを満たさないケース

　次の（10）の「教師の日」は，行政などの組織や機関が主催する，不特定多数の人々を対象に行われる様々な企画の総称であり，参加者が主体的にその企画の遂行に関わるわけではない。したがって，「活动」使用の３つの条件のうち，「具体性」「主体性」の条件が希薄となる。このような場合，「行事」や「イベント」などの語との親和性が高くなる。

　（10）　a．毎年 6 月 12 日定为教师节，各地开展尊师敬师活动。
　　　　　b．毎年 6 月 12 日を「教師の日」と定め，各地で教師を敬う｛[?]活動
　　　　　　　／行事／イベント｝が行われる。

　次の（11）（12）は，（10）と同様，ある目的のために為される特定の行為を指しているのではない。（11）の「亲子活动」は，ある目的のために為される具体的な行動ではなく，親と子が日常的に行う様々な行動を指しているに過ぎない。また，（12）の「子女活动」も子どもの特定の行動ではなく行動全般を指している。こうした場合，「活动」を「活動」に翻訳することはできない。

　（11）　a．画画画，交交友，走走路，总比宅在家里看电视，打游戏好多了。
　　　　　　　这种亲子活动一定受年轻爸妈们欢迎滴。
　　　　　b．絵を描いたり友達と遊んだり散歩したりするのは家でテレビを見
　　　　　　　たりゲームをしたりするのよりずっといい。親と子がこのように
　　　　　　　して｛過ごす／^{??}活動する｝ことは，若い両親たちも望むところ
　　　　　　　であるに違いない。
　（12）　a．不少家长饭碗一端上桌，便喋喋不休，不是对孩子的学习成绩不理
　　　　　　　想横加指责，就是对子女活动，交友等刨根问底，弄不好还雷霆万钧。
　　　　　b．多くの親は食事が始まるや否や，延々と，成績のことで子どもに
　　　　　　　文句を言ったり，子どもの｛行動／^{??}活動｝や友人といった重た
　　　　　　　い問題について根掘り葉掘り聞いたりする。

　「活动」を「活動」と訳すべきか別の表現に置き換えるべきか判断しにくいケースもある。（13）（14）では，当該の「活动」が，特定の（教育的）目的のために設計された活動であると見なされる場合は「活動」と翻訳することができる。

(13)　a．山崎提供的一个解决方法是<u>群体活动</u>[9]。山崎认为，孩子们在<u>群体活动</u>中能有效地学到很多人际关系的道理。

　　　b．山崎氏が提案する解決策の一つが<u>グループ活動</u>だ。<u>グループ活動</u>を通じて，子供たちは人間関係の多くの原則をしっかりと学ぶことができると山崎氏は考えている。

(14)　a．通过<u>在群体活动中</u>犯规受到的指责来修正自己的行为，自然养成有秩序，守纪律的作风。

　　　b．<u>グループで活動する中で</u>，他の人から間違いを指摘され自分の行動を正していく。そのことを通して，規律を守る，秩序ある態度が自然に身についていく。

一方，当該の「活動」が教育的に設計された特定の活動を指すのではなく，多くの人達の中での行動一般を指す場合は「活動」は使用しにくくなる。

(13)　c．山崎氏が提案する解決策の一つが<u>多くの人達と共に行動すること</u>だ。こうした行動を通じて，子供たちは人間関係の多くの原則をしっかりと学ぶことができると山崎氏は考えている。

(14)　c．<u>多くの人達と生活（行動）する中</u>で他の人から間違いを指摘され自分 の行動を正していく。そのことを通して，規律を守る，秩序ある態度が自然に身についていく。

(13)（14）の「活動」をどのように翻訳するのが相応しいかは，当該の文章全体の趣旨から翻訳者が判断する必要がある。

3.2.1-②　派生的条件としての「望ましさ」[10] を逸脱するケース

「活動」は，当該行為が，話し手の観点あるいは社会通念からして，望ましくないと捉えられる場合，使用が抑制される。中国語では「活動」が問題なく使用されるため，翻訳の際は「行為」などへの置き換えが必要となる。

「活動」に伴う「望ましさ」（＝評価性）は，「目的を達成するために（＝目的性），参加者がその行為に対して主体的，積極的に参加する（＝主体性）」という「活動」を使用する際の条件から派生したものと考えられる。話者が行為者の当該

9）「集体活動」が一般的表現であるかもしれないが，本稿の主張に影響はない。

10）　注4の「当該行為に対するプラスのイメージ」がこれに相当する。

行為への関わり方を主体的，積極的といった，どちらかというとプラス評価に傾きやすい見方に立って言及するのは，当該行為の目的に対して話者が少なくとも否定的な立場にない場合が一般的なのではないかと思われる。逆に，当該行為に対して否定的な立場にある場合，行為者に対して，主体的，積極的といった評価を含意しがちな表現である「活动」の使用を避けることが予測される。(15) 〜 (20) において「活动」が使用されないのはこうした事情による。

(15) a．非法<u>活动</u>　　b．違法 {<u>行為</u>／^{??}<u>活動</u>}

(16) a．非法进行倒卖车票的<u>活动</u>

　　 b．不法に乗車券を転売する {<u>行為</u>／^{??}<u>活動</u>}

(17) a．打击走私贩私<u>活动</u>

　　 b．密輸や密輸品の販売といった {<u>行為</u>／^{??}<u>活動</u>} を取り締まる

(18) a．挪威领土在被美国继续利用来进行侵略苏联的<u>活动</u>。

　　 b．ノルウェーの領土はアメリカによるソ連への侵略{<u>行為</u>／^{??}<u>活動</u>} に利用され続けてきた。

(19) a．坚决反对"台独"分裂势力及其分裂<u>活动</u>。

　　 b．台湾独立を掲げる分裂勢力とその分裂を図る {<u>行為</u>／^{??}<u>活動</u>} に強く反対する。

(20) a．坚决打击各种盗版盗印等非法出版<u>活动</u>。

　　 b．海賊版やコピーなど違法な出版 {<u>行為</u>／[?]<u>活動</u>} を断固として取り締まる。

　ただし，次のように，当該の行為を話し手が被る被害の側面ではなく，行為主体の行為の側面に焦点を当てて述べる場合は「活动」を使用することができる。

(21) a．检查了所有建筑物的地下室和无人看管的阁楼，严防恐怖分子<u>破坏活动</u>。

　　 b．テロリストによる {<u>破壊活動</u>／<u>破壊行為</u>} を防ぐため，すべての建物の地下室や空き家の点検を行っている[11]。

---

11) (21) では「破壊<u>活動</u>」「破壊<u>行為</u>」ともに可能だが，「活动」との結びつきがコロケーションを形成しているために「行為」が使用できないケースがある。

　 a．不得进行宗教教育和开展<u>宗教活动</u>。

　 b．宗教教育や {<u>宗教活動</u>／<u>*宗教行為</u>} を行うことは認められていない。

　以下同様である。「教育<u>活動</u>」「社会<u>活動</u>」「課外<u>活動</u>」「実践<u>活動</u>」「出版<u>活動</u>」「政治活動（運動）」「選挙活動（運動）」などがある。

(22) a．买买提明・艾孜来提现为恐怖组织"东突解放组织"头目，主要在西亚，中亚地区活动。

  b．Mehmet Emin Hazretは,テロ組織「東トルキスタン解放機構」のリーダーで，主に西アジアと中央アジアで活動している。

3.2.2　活動の形態や内容を具体的に表す語が優先的に使用されるケース

　日本語では，具体的な活動形態や活動内容が自明である場合，その活動の形態や内容を具体的に表す語が「活動」より優先して使用される。この場合，前者と後者は下位概念と上位概念の関係にある（表1）。

表1　上位概念「活動」とその下位概念

上位概念	・・・活動
下位概念	・・・会／・・・サービス／・・・キャンペーン／・・・取り組み　など

　日本語では,状況から当該の活動の形態や内容が自明（イメージ可能）であり，しかも,下位概念を表す語がある場合,原則として,「活動」ではなく,その語（下位概念）を使用しなければならない。(23)の「抽奖活动」は具体的な活動形態がイメージされやすいため，「(抽奖)活动」を「(抽選)会」としなければならない。

(23) a．除可享受各种优惠外,还有机会参加"宽带金秋嘉年华"抽奖活动。

  b．各種割引が受けられるほか，「秋のブロードバンド・カーニバル¹²」の｛抽選会／*抽選活動｝にも参加できる。

　次の（24）〜（26）も，（23）と同様の理由により，翻訳の際，「活動」を具体的な活動形態や活動内容を表す表現に置き換える必要がある。

(24) a．云南省和上海市有关领导以及著名导演谢晋,唐季礼等出席了首映活动。

  b．雲南省と上海の政府関係者および著名な映画監督謝金氏，唐吉立氏らが｛封切り上映会／*封切り上映活動｝に出席した。

(25) a．反贪腐倒扁活动

---

12)　日本語では「カーニバル」はこの場合使いにくいが，ここでは触れない。

b．{汚職撲滅キャンペーン¹³／[?]汚職撲滅活動}

(26) a．中国银行近期推出了网银转账打折<u>活动</u>，…

b．中国銀行はオンラインによる振込の{割引<u>サービス</u>／[*]割引<u>活動</u>}を開始し¹⁴，…

"行政等がある課題の改善に向けて継続的に行う事柄（施策）"に対しては、「取り組み」という表現との親和性が高くなる。

(27) a．深圳市自 2007 年来连续 5 年开展送农民工免费春运返乡<u>活动</u>。

b．深圳市では 2007 年より 5 年間毎年春節に出稼ぎ労働者を無料で帰省させる{<u>取り組み</u>／[?]<u>活動</u>}を行っている。

(28) a．还将组织送春联到农村<u>活动</u>。

b．「春联」を農村に送る{<u>取り組み</u>／[?]<u>活動</u>}を企画している。

また、"社会の変革のための行動"に対しては「活動」ではなく「運動」が使用される。

(29) a．副主席张震出生于 1914 年，湖南平江人，自 1926 起投身革命<u>活动</u>。

b．…{革命<u>運動</u>／^{??}革命<u>活動</u>}に身を投じた。

(30) a．全希腊解放<u>活动</u>

b．{全ギリシャ解放<u>運動</u>／^{??}全ギリシャ解放<u>活動</u>}

さらに、"健康維持のために身体を動かす"場合も「活動」ではなく「運動」が使用される。

(31) a．在保龄球运动前没有做任何准备<u>活动</u>，运动后发生持球手和负重腿活动不便，这种现象称为延迟性肌肉损伤。

b．ボウリング前に{準備<u>運動</u>／[*]準備<u>活動</u>}を行わなかったために、ボウリング後にボールを持つ手と体重を支える脚に負担がかかり、動かしにくくなる、この現象を遅発性筋肉痛という。

---

13) 「キャンペーン」とは、社会的な問題について広く人々の共感を呼ぼうとする継続的な活動、とされる（新明解国語辞典第 7 版による）。

14) この場合、単に「割引」も可能である。これについては次節で取り上げる。

(32) a．・・・ 相当于进行了很好的塑身活动。

　　　b．・・・{シェイプアップための運動／＊シェイプアップための活動}
　　　　　をしっかりとやるのに相当する。

3.2.3 「活動」に対応する語が現れないケース

　日本語には中国語に現れる「活动」に相当する語が訳出されないケースがある。

(33) a．参加"足球彩票欧洲游"活动。

　　　b．{「サッカーくじ欧州ツアー」／＊「サッカーくじ欧州ツアー」活動}
　　　　　に参加する。

　「・・・〔内容部分〕・・・ ＋ 活动／活動」は，「活动／活動」に前節する部分が
それに続く「活动／活動」の具体的な内容を説明する構造になっている。前項
の「内容部分」から特定の活動形態や活動内容が自明である場合，日本語では，
中国語の「活动」に相当する語が出現しないケースがしばしばある。

　(33) では，「ツアー」という表現によって具体的な活動形態がイメージされ
るため，「活動」やその他の活動形態を表す語が後接されない。次の (34) の「放
流」もこの語だけで当該の活動形態がイメージされるため，「活動」やその他の
活動形態を表す語が後接されない。それに対して中国語では"足球彩票欧洲游"
活动」「放流活动」のように「活动」を付加することができる。

(34) a．是今年长江南京段的第三次放流活动，是石臼湖的首次人工增殖放
　　　　　流活动。

　　　b．長江の南京流域における今年三度目の{放流／？放流活動}であり，
　　　　　石臼湖での最初の人工養殖のための{放流／？放流活動}である。

　以下，同様の例を挙げる。いずれの場合も，中国語では「活动」が現れているが，
日本語では「活動」に相当する語 は現れていない。

(35) a．这是中国第一次以摩托车爱好者为主体的大型探险类旅游活动。

　　　b．これはバイク愛好家を対象とした中国初の大規模な体験型ツアー
　　　　　である。

92

(36) ａ．严禁进行场外非法股票交易<u>活动</u>。

ｂ．場外での株の<u>不法取引（＊活動）</u>を固く禁ずる[15]。

(37) ａ．170万公安民警参加了这次大练兵<u>活动</u>。

ｂ．170万人の公安警察官が今回の<u>軍事訓練（＊活動）</u>に参加した。

(38) ａ．布什当时正在费城参加一次演讲<u>活动</u>。

ｂ．その時，ブッシュは<u>講演（[?]活動）</u>のためフィラデルフィアにいた。

(39) ａ．明天开始杜绝一切外出<u>活动</u>。

ｂ．明日から<u>外出（＊活動）</u>が一切できなくなる。

(40) ａ．・・・人为因素，如用水量变化，地下工程<u>活动</u>，环境污染等。

ｂ．・・・水の使用量の変化や<u>地下工事（＊活動）</u>，環境汚染などの人的
要因・・・

(41) ａ．红十字会决定在今年5月3日－9日开展全国性的无偿献血周<u>活动</u>。

ｂ．<u>無償の献血週間（＊活動）</u>を開催することを決めた[16]。

(33)（35）の「ツアー」のように，外来語が当てられるケースも多い。

(42) ａ．"2001年成都首届青少年书画竞拍<u>活动</u>"正在举行。

ｂ．「2001年成都青少年書画<u>オークション（＊活動）</u>」が開催されている。

(43) ａ．进行为期一周的夏令营<u>活动</u>。

ｂ．一週間の<u>サマーキャンプ（＊活動）</u>を実施する。

(44) ａ．嘉兴电视台"淘宝拍拍乐"节目组来我们学校拍摄孩子们义卖献爱
心<u>活动</u>。

ｂ．嘉興電視台の「淘宝白牌楽」番組チームが本校で子供たちによる
<u>チャリティーバザー（＊活動）</u>〔の様子〕を撮影しました[17]。

(45) ａ．组建专家库，对每一次涉及面广或影响大的地名工作进行专家咨询
<u>活动</u>。

ｂ．・・・専門家による<u>コンサルティング（＊活動）</u>が実施される[18]。

---

15)「株の不法取引<u>行為</u>」は可能である。

16)「週間」は活動形態ではないが，とりあえず，本節の分類に入れておく。

17)「の様子」があった方が文としての座りがよくなると感じられるが，ここではこの問題
には立ち入らない。

18) 意味的には曖昧になるが「相談<u>会</u>」とすることも可能である。

四　物の動き

4.1 「活动」を「活動」に翻訳できる場合

　日本語で人の意志的な行動ではない，「物の動き」に対して「活動」を使用できるのは，生物や自然現象などの本来的な働きや動きを表す場合に限定される。この場合，「活动」を「活動」に翻訳することができる。

(46) ａ．地震活动　　　ｂ．地震活動
(47) ａ．岩浆活动　　　ｂ．マグマの活動
(48) ａ．脂肪是人体生命活动不可缺少的营养物质，・・・。
　　　ｂ．脂肪は人体の生命活動に欠かすことのできない栄養であり，・・・。
(49) ａ．腹压的改变又相应地调节胸压有利于心脏活动。
　　　ｂ．腹圧の改善は胸圧の調整し，心臓の活動に良い影響を与える。
(50) ａ．癞蛤蟆在黄昏出来活动。
　　　ｂ．ヒキガエルは夕方から活動し始める

4.2 「活动」を「活動」に翻訳できない場合

　生物や物の具体的な動きを表す場合，中国語で「活动」の使用が可能なケースでも，日本語では「活動」ではなく「動き／動く」などが用いられる。

(51) ａ．从他的动作，表情和语气中可以感受到他的内心活动。
　　　ｂ．動作や表情，話し方から彼の｛心の動き（状態）／*心の活動｝を感じ取ることができる。
(52) ａ．对翅膀，下边的一对被完全遮盖住了，只有底下腹部三节可以自由活动。
　　　ｂ．・・・腹部の下部の３つの節だけが自由に｛動く／*活動する｝。
(53) ａ．不采取一定的战斗队形，而像变形虫般地向四方自在地活动，出人意表地加以痛击。
　　　ｂ．決まった戦闘隊形を取るのではなく，アメーバのように四方に自由自在に｛動き回り／動き／*活動し｝，意表を突く。
(54) ａ．烟雾里有个东西在活动。
　　　ｂ．煙の中で何かが｛動いている／*活動している｝。

(55) a．牙<u>活动</u>了。

　　 b．歯が｛<u>動く（ぐらつく）</u>／<u>*活動する</u>｝。

五　まとめ

　本稿では，「活动」の日本語への翻訳について考えるにあたり，「活动」の用例を「人の行為」と「物の動き」に分類した。考察結果の概要をまとめる。

5.1. 人の行為

a．「活动」が「活動」に翻訳可能なのは，「活動」使用の３つの条件である「目的性」「主体性」「具体性」が満たされている場合である。

　　例１）a．抗议<u>活动</u>　　 b．抗議<u>活動</u>

b．上記３条件を満たさない場合，「活动」を「活動」に翻訳することは難しい。この場合，「イベント」「行事」「行動」などに翻訳できる場合が多い。

　　例２）a．各地开展尊师敬师<u>活动</u>

　　　　　b．各地で教師を敬う｛<u>イベント</u>／[?]活動｝が行われる

　　例３）a．非法进行倒卖车票的<u>活动</u>

　　　　　b．不法に乗車券を転売する｛<u>行為</u>／^{??}活動｝

c．日本語では，具体的な活動形態や活動内容が自明である場合，その活動の形態や内容を具体的に表す語が「活動」より優先して使用される。

　　例４）a．抽奖<u>活动</u>　　 b．抽選<u>会</u>

d．日本語には中国語に現れる「活动」に相当する語が現れないケースがある。

　　例５）a．夏令营<u>活动</u>　　 b．サマーキャンプ（<u>*活動</u>）

5.2　物の動き

e．生物や自然現象などの本来的な働きや動きを表す場合，「活动」を「活動」に翻訳することができる。

　　例６）a．地震<u>活动</u>　　 b．地震<u>活動</u>

f．生物や物の具体的な動きを表す場合，「活动」は「動き」などと対応する。

　　例７）a．内心<u>活动</u>　　 b．心の｛<u>動き</u>／<u>*心の活動</u>｝

参考にした辞書類

『中日辞典　第2版』(2002)，北京商務印書館編・小学館編，小学館

『日中同形異義語辞典』(2007)，王永全・小玉新次郎・許昌福，東方書店

『日汉同形异议词词典』(2014)，郭明辉・矶部祐子・谷内美江子（編著），北京语言
　　　大学出版社

『新明解国語辞典　第7版』(2016)，三省堂

例文出典

北京语言大学汉语语料库（BCC）

中国語の「拥挤」の日本語訳について

渡辺　誠治

一　はじめに

　中国語の「拥挤」は，非常に単純化して言うと，"ある場所が混雑している"といった状態を表すケースと，"あるモノとあるモノとが互いに押し合う"といった状態を表すケースがある。前者の場合，日本語では「込む／込み合う／混雑する」などとの間に一定の対応関係がある。一方，後者の「拥挤」にぴったり対応する日本語の表現がないため，状況に応じて，訳語を工夫しなければならない。本稿は，「拥挤」の用法を分類し，それぞれどのような日本語表現への翻訳が可能かを検討する。

二　考察の枠組み

2.1　「拥挤」の用法の大まかな分類
　「拥挤」の意味について『中日辞典　第2版』では次のように説明されている。

　　1．（人や車などが）押し合う，押し合いへし合いする
　　2．込み合う，ひしめいている

概ね，上記1の「拥挤」は動詞，2の「拥挤」は形容詞と考えることができる[1]。1の「拥挤」はしばしば「拥挤在・・・」「拥挤到・・・」という形で出現する。また，2の「拥挤」は「很」などを前接しうる。

2.2　「拥挤」を日本語に翻訳する際に現れる日本語の表現
　2の「拥挤」（形容詞）は，概ね，「込んでいる」「込み合っている」「混雑し

ている」などの日本語に翻訳できる。「込んでいる」「込み合っている」「混雑している」は基本的に互換性があるため，これらをまとめて「込んでいる類」と呼ぶことにする[2]。

　一方，1の「拥挤」（動詞）は，先述のとおり，ぴったり対応する日本語の表現がないため，日本語に翻訳するに当たっては状況に応じて，様々な動詞や修飾表現を用いて，「拥挤」（動詞）の意味を再構築する必要がある。

　「拥挤」（動詞）を日本語に翻訳する際に素材として使用される表現には次のようなものがある。

　まず，文末の表現として，「押し寄せる，たかる，寄る，集結する，集合する，集まる，集結する，詰めかける，詰め寄る，かたまる，群がる，ひしめき合う，並べられる，並ぶ，置かれる，置く，身を寄せ合う，詰め込まれる，密集する，集中する，寄せ集まる，立て込む，散らかる，ごった返す，ごちゃごちゃする，溢れる，溢れかえる，いっぱいだ，賑わう，埋まる，いっぱいになる，取り囲む，押す，狭い，狭苦しい，手狭だ，ぎゅうぎゅう詰めになる，すし詰め状態だ，きつい，窮屈だ」などが挙げられる。

　次に，連用修飾成分として「雑然と，乱雑に，ごちゃごちゃと，無秩序に，押し合い圧し合い，所狭しと，密に，ぎゅうぎゅう，ぎゅうぎゅう詰めの状態で，ぎっしり，びっしり，きつく，きちきち」などがある。

三　「拥挤」の日本語訳

3.1　「拥挤」を「込んでいる類」に翻訳できるケース

　本節では「込んでいる類」との対応関係が認められる「拥挤」について見る。これらの「拥挤」は基本的に形容詞である。

　ここでの「拥挤」は主に当該の場所が混雑した状態にあることを表しているが，存在物が表現される場合とされない場合がある。存在物が表現される場合の日本語は（1）の文型となり，言及しない場合は（2）の文型となる。

（1）［場所］が［存在物］で｛込んでいる類｝
（2）［場所］が｛込んでいる類｝

---

2)　「拥挤」（形容詞）の中にも「込んでいる類」への翻訳ができないケースがある。これらについては，3.1節で述べる。

次の（3）（4）は存在物に言及しているケースである[3]。

（3）a．旁边大街上，上班的人群倒非常<u>拥挤</u>；自行车和行人组成的洪流，不断
　　　头地从黄原桥上涌涌而过。

　　　b．近くの通りは通勤する人々で<u>大混雑し</u>，自転車と歩行者が黄源橋の上
　　　を絶え間なく流れていく。

（4）a．在楼上的走道里，观众非常<u>拥挤</u>．

　　　b．2階の通路は観客でとても<u>混雑している</u>。

一方，次の（5）（6）は存在物が表現されていない場合である。

（5）a．公共汽车上很<u>拥挤</u>，一个瘦子和一个胖子站着。

　　　b．バスは<u>混んでいた</u>。やせっぽちとデブが立っていた。

（6）a．餐厅非常<u>拥挤</u>，让人感到很不舒服。

　　　b．レストランは非常に<u>混んでいて</u>，落ち着かない。

「拥挤在・・・」という形で現れる動詞用法の「拥挤」にも（7-b）（8-b）
のように（1）の文型で翻訳できる場合がある。ただし（7-c）（8-c）の
方が相対的に原文に忠実な訳である。

（7）a．当时恰逢许多孩子<u>拥挤</u>在溜冰场内玩耍。

　　　b．その時スケートリンクは多くの子供で<u>混み合っていた</u>。

　　　c．その時多くの子供がスケートリンクに<u>いて</u>，<u>所狭しと</u>スケートを楽し
　　　んでいた。

（8）a．这天气温高达３９摄氏度，旅客们<u>拥挤</u>在狭窄的车厢里，又热又闷又渴。

　　　b．気温が39度にも達するなか，狭い車内は乗客で<u>混み合い</u>，暑くて息
　　　苦しく喉が渇く。

　　　c．気温が39度にも達するなか，乗客は狭い車内に｛<u>閉じ込められて</u>／<u>詰</u>
　　　<u>め込まれて</u>／<u>ぎゅうぎゅう詰めの状態で</u>｝，暑くて息苦しく喉が渇く。

　形容詞用法の「拥挤」の中に，「込んでいる類」への翻訳が困難になるケースが
２つある。１つめは，存在物が知人や顔見知りである場合である。「拥挤在・・・」

3）　以下，中国語の用例はすべて北京语言大学汉语语料库（BCC）による。また，それに対
応する日本語訳は本稿の筆者によるものである。

という形で現れる動詞用法の「拥挤」の場合も同様である。

（9）a．汉尼起身绕过桌子。四个人在小房间内显得太<u>拥挤</u>。
　　　b．*ハニーは立ち上がってテーブルの周りを歩き回った。狭い部屋は4人で<u>込み合っている</u>ように見えた。
　　　c．ハニーは立ち上がってテーブルの周りを歩き回った。4人にとってこの小部屋は〔<u>狭すぎる</u>／<u>窮屈な</u>〕ようだ。

（10）a．现在船上只有我们三个，却已经很<u>拥挤</u>了。
　　　b．*今，船には私たち3人だけなのに，もう結構<u>込んでいる</u>。
　　　c．今，船には私たち3人だけなのに，もう結構<u>いっぱいだ</u>。

（11）a．见到余伯良，家霆才知道，学校初中部仍在慕尔堂，因为太<u>拥挤</u>，高中部已经全部迁到慈淑大楼四楼去上课了。
　　　b．*家霆は，余伯良を見かけた。そして，中等部は今でも慕尔堂にあるのだが，そこがとても<u>込み合っていた</u>ため，高等部はすべて慈淑大楼の4階に移動して授業を受けていることを知った。
　　　c．家霆は，余伯良を見かけた。そして，中等部は今でも慕尔堂にあるのだが，そこが<u>狭すぎる</u>ため，高等部はすべて慈淑大楼の4階に移動して授業を受けていることを知った。

（12）a．客人们<u>拥挤</u>在艾勃家了，屋里烟雾腾腾。
　　　b．*アルバートの家は客で<u>混み合い</u>，部屋はタバコの煙でもうもうとしていた。
　　　c．アルバートの家は客で<u>溢れかえり</u>，部屋はタバコの煙でもうもうとしていた。

　形容詞用法の「拥挤」の中で「込んでいる類」への翻訳が困難になるケースの2つめは，存在物がモノの場合である。「拥挤在・・・」という形で現れる動詞用法の「拥挤」の場合も同様である。

（13）a．那间屋子狭小，天花板十分低，里面放了一个大磅秤，显得很<u>拥挤</u>，颇像郊区车站的行李房．
　　　b．*部屋は狭くて天井が低く，大きな秤が置いてあり，とても<u>込み合っている</u>様子で，郊外の駅の荷物置き場のようだった。

  ｃ．部屋は狭くて天井が低く，大きな秤が置いてあり，とても｛ごちゃご<u>ちゃした感じで／散らかっている</u>様子で｝，郊外の駅の荷物置き場のようだった。

(14) ａ．照片的帧幅都不大，<u>拥挤</u>在这个展厅有限的空间之中。

  ｂ．＊写真のフレームはあまり大きくはないが，この展示会場の限られたスペースは<u>込み合っていた</u>。

  ｃ．写真のフレームはあまり大きくはないが，この展示会場の限られたスペースに<u>所狭しと</u>置かれていた。

 モノであっても，走行している乗り物によってある場所が混雑している場合，「拥挤」は「込んでいる類」に翻訳できる。

(15) ａ．大门口车子很<u>拥挤</u>。

  ｂ．ゲート前は車で<u>混んでいます</u>。

 ただし，「乗り物」そのものではなく，「交通」となった場合，「拥挤」は「込んでいる」などに翻訳できなくなる。「交通量が多い」としなければならない。

(16) ａ．可是交通仍很<u>拥挤</u>，白天的炎热减轻了一点，但减得不多。

  ｂ．＊しかし，<u>交通</u>は依然として<u>込んでいて</u>，日中の暑さは少し和らいだが，車はまだ減っていない。

  ｃ．しかし，<u>交通量は依然として多く</u>，日中の暑さは少し和らいだが，車はまだ減っていない。

3.2 「拥挤」を「込んでいる類」に翻訳できないケース

 本節では，「拥挤」を「込んでいる類」に翻訳できないケースについて見ていくが，ここで扱うことになるのは，「拥挤」が動詞として用いられている場合である。この場合「拥挤」は，何か（＝存在物）がある場所に移動した結果，その場所に密集している状態を表す。具体的には「拥挤在・・・」「拥挤到・・・」という形を扱うことになるが，前者は，移動の結果に対して，より重点の置かれた表現であり，後者は，移動の過程に対して，より重点が置かれた表現である。この違いは日本語に翻訳する場合，顕著な違いとなって現れる。

3.2.1 移動の結果に重点が置かれるケース ――「拥挤在」

　日本語には「拥挤在」に相当する語彙が乏しいため，「拥挤在」を日本語に翻訳する際は，文脈から状況を判断して，修飾句や動詞の選択などによって意訳する必要がある場合が多い。

(17) a．会议室旁边有间房子权当接待室，里面坐着十来个人，<u>拥挤在</u>两台吊扇下，两台吊扇以五档的速度疯狂地旋转着，他们仍个个脸上淌着黑汗，而且目光憔悴。

　　 b．会議室の隣に応接室らしき部屋があり，中には 10 人ほどが天井の 2 台の扇風機の下の<u>狭い場所</u>に｛詰めて／身を寄せ合うように｝座っている。2 台の 扇風機は最速でぐるぐると回っていたが，顔からは汗が滴り落ち，目は疲れ切っている。

(18) a．在巴西重要城市里约热内卢，就有一百二十万人<u>拥挤在</u>山坡上的破烂不堪的贫民窟里栖身，平均每四个居民中至少有一个住贫民窟。

　　 b．ブラジルの重要都市であるリオデジャネイロでは，120 万人が丘の中腹の荒廃したスラム街に<u>身を寄せ合って</u>生活しており，平均すると，少なくとも住民の 4 人に 1 人がスラム街に住んでいることになる。

(19) a．当时，大约有 50 人<u>拥挤在</u>阳台上，阳台承受不了重量而发生坍塌。

　　 b．当時，バルコニーには約 50 人の人が｛いて[4]／<u>詰めかけており</u>／<u>すし詰め状態になっており</u>／<u>ぎゅうぎゅう詰めの状態で</u>｝，バルコニーはその重みに耐えられず倒壊した。

(20) a．五十多位科技人员，<u>拥挤在</u>暂时租用的一个招待所的客房内办公。

　　 b．① 50 人以上の研究者が一時的に借りた宿泊施設の<u>狭い客室</u>で仕事をしていた。

　　　　② 50 人以上の研究者が一時的に借りた宿泊施設の客室に｛<u>ぎゅうぎゅう詰めの状態で</u>／<u>すし詰め状態で</u>｝仕事をしていた。

(21) a．以往 50 多个学生<u>拥挤在</u>一间教室里的场景，如今在上海卢湾区的小学一 年级已经绝迹。

　　 b．50 人以上の生徒が一つの教室に｛<u>詰め込まれていた</u>／<u>ぎゅうぎゅう詰めになっていた</u>｝かつての光景は，上海市廬湾区の小学 1 年生の教室には今はもう見られない。

---

4)　「いる」では「拥挤在」のニュアンスは十分に訳出されない。

(22) a．88 路公交车的乘客,<u>拥挤在</u>一条宽约 0.8 米,长约 20 米没有护栏的狭道中。

　　 b．88 番バスの乗客は，ガードレールもない幅 0.8 m，長さ 20 mほどの
狭い道に {<u>いる</u>⁵／<u>ひしめている</u>／<u>密集している</u>／<u>集まっている</u>／<u>か
たまっている</u>／<u>群がっている</u>／<u>身を寄せ合って立っている</u>／<u>溢れてい
る</u>／<u>ごった返している</u>／<u>ぎゅうぎゅう詰めになっている</u>}。

(23) a．警方和目击者称，纳斯林 2 号渡船沉没时，只有<u>拥挤在</u>舱顶和甲板上的
约 200 名乘客及时跳水获救，其余约 800 名乘客下落不明。

　　 b．警察や目撃者らによると，フェリー（纳斯林 2 号）が沈没した際，乗
客のうち，船室の屋根やデッキに {<u>いた</u>／<u>集まっていた</u>} 約 200 人だ
けが何とか水に飛び込み救助されたが，残りの約 800 人の乗客は行方
不明だ。

(24) a．发病前又连续下雨，鸵鸟<u>拥挤在</u>遮雨棚下，卫生环境极差。

　　 b．病気が発生する前は雨が降り続き，ダチョウたちは天蓋の下に<u>かたまっ
てじっとしていた</u>。衛生環境は極めて悪かった。

(25) a．待我抓一撮茶叶放进玻璃杯，用开水冲泡之后，奇迹发生了，密密层层
的叶片<u>拥挤在</u>杯口，拒绝沉沦，而绿色却在白水中丝丝缕缕地朝着杯底
渗透，···。

　　 b．ひとつまみの茶葉をガラスのカップに入れ，熱湯で淹れたところ，奇
跡が起きた。びっしりと重なり合った茶葉が茶碗の口に<u>集まったまま</u>
沈まず，緑の色が湯の中を底に向かって浸透していくのだ。

3.2.2　移動の過程に重点が置かれるケース　―「拥挤到」

　「拥挤到」に相当する日本語の語彙は乏しいが，状況から判断して，日本語の
移動のタイプを表す動詞を選択して訳出することで，「拥挤到」のニュアンスを
訳出することができる。

(26) a．为节约学生们考前的宝贵复习时间，学校让班主任上班收取。这样可省
得四五百个学生同时<u>拥挤到</u>会计室，不仅方便学生，也减少会计因忙乱
而造成的各种各样的失误。

　　 b．試験前の大切な復習の時間を確保するために，学校はクラス担任が学
校に来てそれを回収するようにした。こうすることで，4 ～ 500 人の

---

5)　注 4 参照。

学生が同時に経理課に押し寄せることもなくなり，学生にとって都合がいいだけではなく，混乱によって発生する様々な会計上のミスを減らすこともできる。

(27) ａ．立时，由各方赶来的武林人物全<u>拥挤到</u>了洛阳。

　　 ｂ．たちまち全国の武道家が洛陽に<u>集結した</u>。

(28) ａ．这时许多观众就<u>拥挤到</u>台前来。他向观众耸肩，表示他的困惑。

　　 ｂ．この時，ステージの前に多くの観客が<u>詰めかけた</u>。彼は聴衆に向かって肩をすくめ，困惑を示した。

(29) ａ．他们<u>拥挤到</u>窗口，手把着窗台，往外观看。

　　 ｂ．彼らは窓のところに<u>詰め寄り</u>窓枠を握って外を眺めた。

(30) ａ．由于人声鼎沸，指挥的声音完全听不见，拉托掏出手枪，指向几名<u>拥挤到</u>前面来的人："回去，别往前挤，谁要再挤我就开枪了！"

　　 ｂ．うるさくて指揮官の声は全く聞こえず，ラトはピストルを取り出し，<u>詰め寄ってきた数人</u>に向かってこう言った，「下がれ，近づくな，近寄ったら撃つぞ！」

(31) ａ．料线一转动，鸡马上会<u>拥挤到</u>料槽处争抢饲料，挤压现象严重。

　　 ｂ．給餌機が動き出すと，鶏はすぐに餌槽に<u>群がって</u>，押し合いへし合い激しく餌を奪い合う。

(32) ａ．半小时后，当客轮在码头靠岸时，意外突然发生了！由于急于登岸的游客们全部<u>拥挤到</u>船体一侧，加之海浪猛烈冲击，导致船体严重倾斜，两名游客不慎落海，旋即被水下的暗流冲到距岸 10 米远外。

　　 ｂ．30 分後，客船が桟橋に着岸したとき，事故は突然起こった。上陸を急ぐすべての乗客が船体の片側に｛集まった／寄った｝ため，激しい波の衝撃が加わって船体が大きく傾き，乗客 2 名が誤って海に転落し，瞬く間に水中の底流により岸から 10 メートルの地点まで流された。

　上記（26）〜（32）は，対象がある場所に移動して，その場所に密集する状態を表していたが，次の（33）はそれとは異なり，密集した力によって対象が押されて別の場所に移動する状態を表している。

(33) ａ．上海就曾有一名叫杨昊飞的小学生在乘公共汽车被混乱的人群<u>拥挤到</u>行驶的车轮下，而成为一名冤魂。

b．上海では以前楊昊飛という小学生が，混乱した群衆に<u>押されて</u>バスの車輪の下敷きになり，亡くなった。

また，次の（34）は，実際の移動ではないが，「拥挤到」が比喩的に用いられている。

(34) a．两支基本上应该属于第三档次的球队和一支第四档次的球队<u>拥挤到</u>了中国队的小组里，这不能不说是一个好兆头。

b．中国チームのグループには，本来3部リーグに属する2チームと4部リーグの1チームが｛<u>集まっている</u>／<u>かたまっている</u>｝。これはよい兆候と言わざるを得ない。

3.2.3　その他
資本，申込，回線など，人の営みや行為に関わる事柄が一箇所あるいは一時点に集まる場合，「集中する」「込み合う」が広く用いられる[6]。

(35) a．民间资本只能<u>拥挤</u>在已经饱和的制造业和餐饮业等行业里，眼睁睁看着国有和外资在垄断和半垄断行业大举投资。

b．民間資本は，製造業や飲食業などすでに飽和状態にある産業に<u>集中せざるを得ない</u>。国有資本や外国資本が独占産業や半独占産業に多額の投資を行うのをただ見守ることしかできない。

(36) a．申请很<u>拥挤</u>

b．申込が｛<u>集中する</u>／<u>混み合う</u>｝

(37) a．互联网很<u>拥挤</u>

b．インターネットが<u>混み合う</u>／アクセスが<u>集中する</u>

(38) a．电话线很<u>拥挤</u>

b．回線が｛<u>混み合う</u>／<u>集中する</u>｝

四　まとめ

中国語の「拥挤」が持つ"ある場所が混雑している"といった意味に対しては，

---

6)　この場合「込む」「混雑する」は使用できない。

日本語では「混んでいる類」が概ね対応する。ただし，対象が知人や顔見知りの場合，「混んでいる類」の使用が避けられる。したがって，こうした場合は，「いっぱいだ／狭い／溢れる」などの表現を状況に応じて使用する必要がある。また，中国語の「拥挤」は"ある場所が物で混雑している"という場合にも使用できるが，日本語の「混んでいる類」は稼働中の交通機関以外の物に対しては使用できない。したがって，「ごちゃごちゃしている／散らかっている／所狭しと置かれている」など状況に応じて適切な表現を選択する必要がある。

　　中国語の「拥挤」には"モノとモノとが互いに押し合う"といった意味がある。このうち，しばしば「拥挤到」の形で現れる「押し合いながらある場所に移動する」といった意味を表す場合は，日本語の動詞「押し寄せる／詰めかける／詰め寄る／群がる／集まる／寄る」などが対応する。一方，そのような移動の結果に重点が置かれる「拥挤在」に対応する日本語の表現は乏しい。したがって，修飾句や動詞の種類など，状況に応じてさまざまな工夫をして訳していく必要がある。

参考にした辞書類

『中日辞典　第2版』(2002)，北京商務印書館編・小学館編，小学館
『中国語辞典』白水社，weblio，https://cjjc.weblio.jp，（最終閲覧日：2023.9.17）
『類語国語辞典』大野晋，浜西正人（1985），角川書店

例文出典

北京语言大学汉语语料库（BCC）

中国語の「商人」の日本語訳に関する覚書

渡辺　誠治

一　はじめに

　中国語の「商人」に対応する日本語として第一に「商人」を当てている中日辞典は多い。しかし，中国語の「商人」という語がカバーする範囲は，現代日本語の「商人」とは比較にならないほど広いようである。本稿では，中国語の「商人」の日本語訳についての輪郭を仮説的に示す。

二　概要

　中国語の「商人」は非常に広い意味領域をカバーする。しかし，そうした中国語の「商人」に相当する日本語表現は存在しない。したがって，中国語の「商人」を日本語に翻訳する場合は，当該の文脈において「商人」が表す個別具体的な在り方を抽出して，それに対応する日本語に置き換える必要がある。

　中国語にも，例えば，零售商人，批発商人，経営者，実業家などのように「商人」の個別具体的な在り方を表す語は存在するが，中国語ではこれら個別具体的な意味を表す語を使用してもよいし，これらの語の上位の概念を表す「商人」を使用してもよい。一方，日本語には，中国語の「商人」のような，上位の概念を表す語が欠如しているため，個別具体的な在り方を表す語を用いざるを得ない[1]。

三　分類

3.1　日本語の「商人」

　日本の商法では「商人」という語が使われ，次のように定義されている。

---

[1]　現代日本語の「商人」は，中国語の「商人」のような上位の概念を表す語ではなく，非常に限定された文脈においてのみ使用される。商法で定義される「商人」は日常的な言語使用には現れないため，ここには含めない（3.1節参照）。

（1）この法律において「商人」とは，自己の名をもって商行為をすることを業
　　とする者をいう。（商法第 4 条第 1 項）

　しかし，実際の日本語の運用をみると，「商人」は，次の（2）（3）のように，
そのほとんどが，近代以前の歴史的な文脈において，あるいは，現代化されて
いない社会において商業活動を行う者を指す場合に使用されている。現代日本
語書き言葉均衡コーパス（BCCWJ）における約 1800 の用例からランダムに抽
出した 100 例を見ると，90％近くがこのような文脈の中で使用されていた。

（2）江戸時代中期からは，ひな人形をかざって祝う女の子の祭りとして，貴族，
　　武家，裕福な商人に広がっていきました。[2]　　　　　PB53_00272　3070
（3）ブリュージュにおいても 1360 年代には，有力な商人は大半が両替商に預
　　金口座を持ち，振り替えによる決済サービスを利用していた。

　　　　　　　　　　　　　　　　　　　　　　　　　PB23_00308　40520

　日常会話コーパス（CEJC）においても同様である。「商人」が現れたのは以
下の会話の中のみであった。

（4）平の清盛とかね，お金が持ってくるようになって経済も牛耳るようになっ
　　たらそのいい暮らしするようになって無視できなくなったわけ（中略）出
　　所が悪くたって無視できなくなるわけよ（うーんうんうん）町人や商人が
　　そっちを向くから（うんはいはい）でそうすると人心がそっちに集まってっ
　　ちゃうんで　　　　　　　　　　　　　　　　　　　T002_013　151770
（5）利休は戦争の武器商人であって例えば秀吉に付いていながらにして秀吉と
　　対戦する相手にも裏で武器を流すってゆうね　　　　K010_005b　5120

　そのほか「商人気質」「近江商人」等があるが，いずれにしても，日本語の「商
人」は限られた場合にしか現れない。
　次のように，中国語において歴史的な文脈の中で「商人」が使用されている
場合は，日本語の「商人」に翻訳することができる[3]。

2）　BCCWJ からの用例には用例の後ろにサンプル ID と開始位置を記す。
3）　以下，中国語の用例はすべて北京语言大学汉语语料库（BCC）による。また，それに対
応する日本語訳は本稿の筆者によるものである。

（6）a．另外，<u>商人</u>阶层通过科举走向仕途，亦保证了<u>商人</u>社会地位的提高。

　　　b．また，<u>商人</u>階級が科挙を経て官吏となることで，<u>商人</u>の社会的地位の向上が保証された。

（7）a．许多中国的工匠，手工业者和<u>商人</u>也到东南亚各地定居，构成了今天著名的海外华人集团。

　　　b．多くの中国の職人や手工業者，<u>商人</u>も東南アジアの各地に定住し，今日の有力な華僑グループを形成した。

　しかし，中国語の「商人」を日本語の「商人」に置き換えられるのは，上のような場合にほぼ限られている[4]。

3.2　ビジネスマン（ビジネスパーソン）[5]

　次の（8a）の「商人」は，例えば，一つの店舗や会社の経営者や，一つの企業に勤務する会社員ではなく，物の売買に関わり一定のステータスと一定の社会的発信力を持つ人を指している。この場合,日本語では「実業家」「財界人」「ビジネスマン」などに翻訳することが可能である。

（8）a．以色列副总理兼工贸部部长胡德・奥尔默特的上海之行只有 24 小时，但他的身份是多重的：<u>商人</u> ― 规模空前的 200 人工贸团团长，政府高官 ― 第一副总理，寻根者 ― 祖母曾在上海生活十年。

　　　b．イスラエル副首相兼工業貿易部部長のフッド・オルメルト氏の上海訪問はわずか 24 時間だったが，彼は複数の顔を持っていた。「<u>ビジネスマン</u>」:200 人という空前の規模の工業貿易訪問団の団長。「政府高官」:第一副首相。「先祖探訪」: 彼の祖母が上海に 10 年間居住。

　ただし，日本語の「ビジネスマン」は，次の（9）（10）のように，必ずしも高いステータスや社会的発信力を持つ人だけではなく，企業に勤務する（一般的なイメージではホワイトカラーの）従業員を指すこともしばしばある。このような場合，「実業家」は使用できない。また，店舗や会社を経営しているわけではないから「経営者」も使えない。結果として，「ビジネスマン」が比較的使

4)　「山西<u>商人</u>」「<u>商人</u>气质」などの「商人」は日本語の「商人」と対応する。
5)　ジェンダーの観点から「ビジネスパーソン」が使用されることが望ましいと考えるが，ここでは，現状で広く使用されている「ビジネスマン」を用いる。

用しやすくなる。

（9）名刺を有効活用するために大切なことは，交換したときに，名刺にその人
　　　の情報をメモすることだ。この方法は，すでに多くの<u>ビジネスマン</u>が実践
　　　していることと思う。　　　　　　　　　　　　　　　LBt3_00099　2210

（10）ａ．连外国<u>商人</u>也一个接一个来这儿投资，大概会从新的角度想事儿了。

　　　ｂ．外国人<u>ビジネスマン</u>までもが次々と投資のためにここに来ている。こ
　　　　　れはおそらく今までになかった発想だ。

　「ビジネスマン」には，次の（11）のように，"物の売買に関わる一定の能力
を身に付けた人"といった人の特徴を形容するような用法も見られる。

（11）このたびは私の就職にあたり，いろいろお骨折りいただきましたこと，心
　　　からお礼申し上げます。おかげさまで，この不況にもかかわらず，以前か
　　　ら希望していた職種につくことができました。まだ社会のことは何もわか
　　　りませんが，できるだけ早く一人前の<u>ビジネスマン</u>になって，お世話になっ
　　　た方々に少しでも恩返しをしていければと思っております。

　　　　　　　　　　　　　　　　　　　　　　　　　　　　PB28_00042　90910

　次の（12ａ）の「商人」は，(11) の「ビジネスマン」と同様の用法と言える。
したがって，「ビジネスマン」への翻訳が可能である。

（12）ａ．视频中印度艺术大师通过 Google 一步一步将自己的艺术品卖了出去，
　　　　　google 帮助他从一个只知道创作的艺术家，转型成为了<u>商人</u>。

　　　ｂ．動画の中で，インドのアーティストがグーグルを通して自分の作品を
　　　　　少しずつ販売していった。グーグルは彼が創作しか知らないアーティ
　　　　　ストから<u>ビジネスマン</u>に変身するのを助けたのだ。

　次の（13）（14）のように，日本語の「商売人」という語は，"物の売買に関
わる一定の能力を身に付けた人"，あるいは，"したたか""抜け目ない"といっ
た人の特徴を表す場合がある。

(13) 「で，いくら払ってくれるの？」

「そうだねえ…。こんなものに，相場っていうのはあるのかい？」

「さあ。その辺は私もよく知らないけど」

と，珠美は肩をすくめて，

「でも，そのおかげで，無事に吉沢君代さんと結婚できたとしたら，少しぐらい気前よく出しても，損はないと思うけど」

「君はなかなか商売人だね」

と，沼本は笑った。　　　　　　　　　　　　　　LBf9_00032　19720

(14) 人の出入りの多い商家の末っ子として育った父は，母の品の良い堅実さにひかれ，強く結婚を望んだと聞いている。しかし小地主の娘だった母は，夫婦で何か言い争うたびに，だから商売人の息子は金勘定でしか物事を判断しないからいやですと，冷たく言い放ち，父が怒りに任せて手を上げることも以前はあった。　　　　　　　　　　　LBn9_00127　33520

「ビジネスマン」は，"感情に左右されず経済的損得で判断する"という「冷酷さ」といったニュアンスを伴う場合があるにせよ，「商売人」と比べると比較的中立的な使用が可能である。したがって，（12 a ）の「商人」を「商売人」という日本語に訳すのには文脈上やや違和感がある。

また「商売人」は，（13）のように，実際には物の売買に関わる仕事に従事していない人のある種の性格的な特徴を形容する場合に使用できるが，「ビジネスマン」が形容する人の特徴は，実際にその仕事に関わっている人の能力であるのが一般的であるため，（13）の「商売人」を「ビジネスマン」に置き換えることは困難である[6]。

3.3　経営者

「ビジネスマン」は，一般に，企業に属して働くホワイトカラーの労働者をイメージしやすい。したがって，次の（15）の「商人」を「ビジネスマン」と訳すことはできない。ここでの「商人」は個人経営の店舗の経営者だからである[7]。この場合「経営者」が相応しい。

---

6) 中国語の「商人」に日本語の「商売人」のこのような用法があるかどうかは今回十分に確認ができなかった。今後の課題である。

7) 有力な会社経営者などをビジネスマンと言うことが可能な場合がある。（3.5 節の「実業家」参照）

(15) a ．商业城的<u>商人们</u>告诉记者，在商业城投资，两年内借租铺面不收租金‥

　　 b ．ショッピングモールの店の<u>経営者たち</u>はショッピングモールに投資すれば 2 年以内は店舗の家賃が無料になると記者に言った。

　また，次の（16 a ）の「商人」の日訳としては「実業家」「ビジネスマン」「経営者」などが考えられるが，「商人」の次に書かれている「工人（労働者）」との対を為す表現として「（雇用者としての）経営者」がここでは最も相応しいと判断した。

(16) a ．声明说，总统的决定避免了一场会给美国<u>商人</u>，工人和消费者带来灾难的贸易战。

　　 b ．声明によれば，大統領の決定により，米国の<u>経営者</u>，労働者，消費者に損害をもたらす貿易戦争を回避できた。

3.4　業者

　「経営者」は文字通り，ある人が“店舗や会社を経営する”という側面に焦点が置かれている。一方，次の（17）〜（19）のように，“当該の文脈で話題になっている業務内容を担う”という側面に焦点が当たる場合，「業者」が相応しくなる場合がある。

(17) a ．由于数量少，不能形成商品，<u>商人们</u>就不敢库存，即使收购，其价格也往往低于白色兔皮，因为只能将有色毛退成白色后才能与其他白色兔皮一起使用，价格偏低也在情理之中，开发难度也自然增大，似乎不大。

　　 b ．量が少ないため商品化はできないが，<u>業者</u>はあえてストックしない。購入したとしても，色の付いた毛皮は他の白ウサギの毛皮と組み合わせてしか使えないため，白ウサギの毛皮よりも価格が安くなることが多い。色の付いた毛皮は脱色してからでないと白ウサギの毛皮と一緒には使えないから，価格が下がるのは想定の範囲内だ。当然開発難度も上がるのだが，大したことではないようだ。

(18) a ．况且和公司经营中美贸易已有多年，这次购买棉种也是公司的业务。至于两国政治问题，我们<u>商人</u>一概不知，也不闻不问。

　　 b ．長年，会社と中米貿易の仕事をしているが，今回，綿の種を購入した

のも会社の業務だ。両国の政治問題については，我々（仲介）業者は一切知らないし，関心もない。

(19) a．不经认真的调查研究，也贸然同那个香港商人签订了另外两个贷款备忘录并不经请示擅自给那个香港商人以北京经济建设总公司授权代表名义，使那个香港商人得以利用这个名义在国际上招摇撞骗。

   b．慎重な調査や研究もせずに，軽率にこの香港の業者との間で他の二つの融資覚書に署名を交わした。また上の許可なく無断でこの香港の業者に北京経済建設会社の正式な代表者の名義を与えた。これにより香港の業者がこの名義を使って国際的な詐欺を行うことが可能になった。

3.5 実業家　財界人　ビジネスマン

　次の (20) 〜 (22) のように，「商人」が，"幅広く経済活動に関わり一定のステータスや一定の社会的発信力を持つ人" を指す場合，「実業家」への翻訳が相応しい場合がある。この場合，「ビジネスマン」や「財界人」への翻訳も可能である。ただし，「ビジネスマン」は "高いステータスや社会的発信力" は必須ではない。一方，「財界人」は「実業家」よりさらに高いステータスや社会的発信力を持っている人々を指す場合に使用されると考えられる。

(20) a．据新华社布加勒斯特 12 月 25 日电罗马尼亚中国和平统一促进总会 25日举行"迎新年促统一"座谈会，旅居这里的企业家，学者，商人以及华文报社记者等 100 多人参加了座谈会。

   b．12 月 25 日ブカレストの新華社通信によると，ルーマニア中国平和統一推進連盟は 25 日，「新年の歓迎と統一促進」をテーマとするシンポジウムを開催し，現地に暮らす起業家，学者，実業家，さらに中国語新聞の記者など 100 人以上が参加した。

(21) a．名誉会长尹啸平先生说，他在与一些台湾企业家接触过程中发现，台湾商人也十分希望两岸和平统一。

   b．名誉総統の尹嘯平氏は，台湾の起業家たちとの接触の中で，台湾の実業家たちも両岸の平和的統一を非常に望んでいることに気づいたと述べた。

(22) a．自１９９０年以来，商人们和国民经济学家都注意到，归根结底，唯有

美元区的情况决定世界范围利率的发展。

b. 1990年以来，実業家や経済学者たちは皆，最終的には，ドル圏の状況だけが世界の金利の動向を決定すると指摘してきた。

四. まとめ

　中国語の「商人」は非常に広い意味領域をカバーするが，そうした中国語の「商人」に相当する日本語表現は存在しない。本稿では，中国語の「商人」を日本語に翻訳する場合は，当該の文脈において「商人」が表す個別具体的な在り方を抽出して，それに対応する日本語に置き換える必要があることを示した。

　中国語にも，例えば，零售商人，批发商人，经营者，实业家などのように，「商人」の個別具体的な在り方を表す語は存在するが，中国語では，これら個別具体的な意味を表す語を使用してもよいし，これらの語の上位の概念を表す「商人」を使用してもよい。一方，日本語には，中国語の「商人」のような，上位の概念を表す語が欠如しているため，個別具体的な在り方を表す語を用いざるを得ない。本稿では，中国語の「商人」の訳語として，主に「ビジネスマン」「経営者」「業者」「実業家」「財界人」を取り上げた。

例文出典

北京语言大学汉语语料库 （BCC）

現代日本語書き言葉均衡コーパス（BCCWJ）

日本語日常会話コーパス　　（CEJC）

執筆者紹介

太田匡亮（おおた　きょうすけ）

大阪大学大学院言語文化研究科博士課程修了（2023年）。博士（言語文化学）。大阪大学マルチリンガル教育センター，神戸大学大学教育推進機構・中国語非常勤講師。語学学校ダイワアカデミー翻訳通訳コース・中日通訳翻訳非常勤講師。著書，論文に《国际汉语教学模式研究》（共著，北京语言大学出版社（中国），2023年予定），「中国語の連用修飾フレーズ"耐心(de)+VP"の日本語訳について」（『中文日訳の基礎的研究（二)』，2021年），「上位概念"楼"と下位概念語"X楼"の日本語訳について」（『中文日訳の基礎的研究（三)』，2021年）などがある。

古賀悠太郎（こが　ゆうたろう）

神戸市外国語大学大学院外国語学研究科博士課程修了（2014年）。博士（文学）。台湾・静宜大学日本語文学系副教授。著書，論文に『現代日本語の視点の研究—体系化と精緻化—』（ひつじ書房，2018年），「対話の場面で「太郎は嬉しい」が可能になるとき」（『日本語文法』19巻1号，2019年），「"V着""在V"の日本語訳について」（『中文日訳の基礎的研究（二)』，2021年）などがある。

杉村泰（すぎむら　やすし）

名古屋大学大学院文学研究科満期退学（2000年）。博士（学術）。名古屋大学大学院人文学研究科教授。著書に《日语语法问题解疑》（外语教学与研究出版社（中国），2007年），『現代日本語における蓋然性を表す副詞の研究』（ひつじ書房，2009年），『中国語話者のための日本語教育文法を求めて』（共著，日中言語文化出版社、2017年），『中国語話者に教える』（共著，webjapanese，2021年）などがある。

張麟声（ちょう　りんせい）

大阪大学大学院文学研究科博士課程修了（1997年）。博士（文学）。大阪公立大学（旧大阪府立大学）名誉教授，厦門大学嘉庚学院教授。著書に『世界における話者数トップ20言語と日本語』（日中言語文化出版社，2021年），《汉日对比研究与日语教学》（高等教育出版社（中国），2016年），『新版 中国語話

者のための日本語教育研究入門』（日中言語文化出版社，2011 年），『日中こ
とばの漢ちがい』（くろしお出版，2004 年），『日本語教育のための誤用分析
—中国語話者の母語干渉 20 例—』（スリーエーネットワーク，2001 年），《汉
日语言对比研究》（北京大学出版社，1993 年）などがある。

渡辺誠治（わたなべ　せいじ）

大阪府立大学大学院博士課程修了（2022 年）。博士（言語文化学）。活水女子
大学国際文化学部教授。著書，論文に『現代日本語の存在を表す諸表現—「アル」
「イル」「テイル」「テアル」』（日中言語文化出版社，2023 年），「有情物の存
在を表す「V テイル」と「イル」の使い分けについて」（『日本語教育』178 号，
2021 年），「日本語教育における存在表現の導入」（『日本語文法』23 巻 1 号，
2023 年）などがある。

編集委員会名簿

編集委員長
張　　麟声（大阪府立大学）

査読委員
中国語学
杉村　博文（大阪大学名誉教授）

丸尾　誠　（名古屋大学教授）

勝川　裕子（名古屋大学準教授）

日本語学
庵　　功雄（一橋大学教授）

橋本　修　（筑波大学教授）

山田　敏弘（岐阜大学教授）

中日日中　初中級文法・語彙の対照研究　（一）

2024 年 1 月 20 日　初版第 1 刷発行

編　者　　張　　麟　声
発行者　　関　谷　昌　子
発行所　　日中言語文化出版社
　　　　　〒531-0074　大阪市北区本庄東2丁目13番21号
　　　　　ＴＥＬ　０６（６４８５）２４０６
　　　　　ＦＡＸ　０６（６３７１）２３０３
印刷所　　株式会社 Big Hug

ISBN978 － 4 － 905013 － 24 － 2